초등 국어!
쓰기가 답이다

교과서 낱말로
놀며 받아쓰기

초등 국어 1-2

글·구성 곽경혜 / 그림 박세은 오현나

차 례

이 책은
이렇게 활용하세요!

❶ [학습할 낱말 찾기]

아이들이 일상에서 쉽게 접할 수 있는 소재로 풀어 쓴 문장을 읽고, 그림 속에서 해당 받침이 들어간 낱말 6개를 찾아요. 이 놀이 활동을 통해 낱말의 모양을 눈으로 먼저 익혀요.

❷ [따라 쓰기]

낱말을 또박또박 읽어 보고, 정확하게 따라 쓰는 연습을 해요. 휴대폰으로 QR을 찍으면 낱말을 하나씩 읽어 줘요. 아이는 잘 들으며 눈으로 낱말을 익히고 쓰는 연습을 해요.

❸ [낱말의 쓰임 알기]

쉽고 재미있게 쓰인 한 편의 글을 읽으며 실제로 낱말이 쓰이는 상황을 알고, 바르게 따라 쓰는 연습을 해요.

❹~❺ [확인하기]

헷갈릴 수 있는 낱말들 중에서 바르게 쓰인 낱말을 찾아 선으로 잇기, 알맞은 글자를 찾아 낱말 완성하기 등의 활동을 하며 한 번 더 확인해요.

❻~❼ [받아 쓰기]

짧은 예문을 활용한 받아쓰기 연습을 해요. 휴대폰으로 QR을 찍으면 문장을 한 줄 한 줄 읽어 줘요. 아이는 잘 듣고 문장을 따라 읽으며 낱말을 정확히 받아쓰는 연습을 해요.

①~② [놀이로 한 번 더! 따라 쓰기]
앞에서 학습한 낱말들을 그룹으로 묶어 낱말 찾기, 그림 찾기, 선 잇기 놀이와 따라 쓰기를 하며 한 번 더 익혀요.

③~④ [놀이로 한 번 더! 확인하기]
순서대로 글자 찾기, 알맞은 글자 찾기, 정확한 낱말 찾기, 문장 완성하기를 하며 완벽하게 익혀요.

마무리해요

① [미로 찾기] **②** [낱말 완성하기] **③** [낱말 퍼즐] **④** [색칠하기]
앞에서 배운 낱말들로 미로 찾기, 낱말 완성하기, 낱말 퍼즐, 색칠하기 놀이를 하며 마지막으로 한 번 더 확인하고 교과서 낱말로 시작하는 한글 놀이 학습을 마무리해요.

 ❶ 그림일기를 쓰는 방법 알기

◇ 그림일기는 하루에 경험한 일 가운데에서 기억에 남는 일을 골라 글과 그림으로 나타낸 일기예요.

◇ 그림일기에는 날짜와 날씨, 그림, 글이 들어가요.

◇ 그림일기를 쓰는 순서

❶ 날짜와 요일을 써요.

예 20○○년 10월 5일 일요일

❷ 날씨를 써요.

예 해가 방긋 웃는 날 / 바람이 쌩쌩 부는 날

❸ 그날 경험한 일 가운데에서 기억에 남는 장면을 정해 그림을 그려요.

❹ '언제, 어디에서, 누구와, 무엇을' 했는지와 느낀 점을 짧게 글로 적어요.

❶ 20○○년 10월 5일 일요일	❷ 날씨 해가 방긋 웃는 날

❸

❹

	오	늘		우	리		집	에		강	아
지	가		왔	다	.		이	름	은		몽	실
이	다	.		몽	집	이		아	주		작	고
귀	엽	다	.		앞	으	로		몽	실	이	와
재	미	있	게			지	낼		생	각	을
하	니		정	말		기	쁘	다	.		

◇ 문장 부호는 문장의 뜻을 알기 쉽게 하기 위하여 사용하는 여러 가지 부호예요. 문장이 완전히 끝나려면 문장의 끝에 문장 부호가 있어야 해요.

◇ 문장 부호의 이름과 쓰임

문장 부호마다 쓰는 위치가 다르기 때문에 잘 구분해서 써야 해요.

문장 부호	이름	쓰임
.	마침표	설명하는 문장의 끝에 써요.
,	쉼표	부르거나 대답하는 말 뒤에 써요.
?	물음표	묻는 문장의 끝에 써요.
!	느낌표	놀랐을 때나 느낌을 나타내는 문장의 끝에 써요.
" "	큰따옴표	인물이 소리 내어 한 말을 나타낼 때 써요.
' '	작은따옴표	인물이 마음속으로 한 말을 나타낼 때 써요.

◇ 문장 부호 쓰임의 예

멀리 도망갔어요.

와, 정말 멋지구나!

"너는 누구야?"

'부자가 될 거야.'

3 한글에 관심을 가져요

◇ 'ㄱ'에 한 획을 더 그으면 'ㅋ'이 돼요.

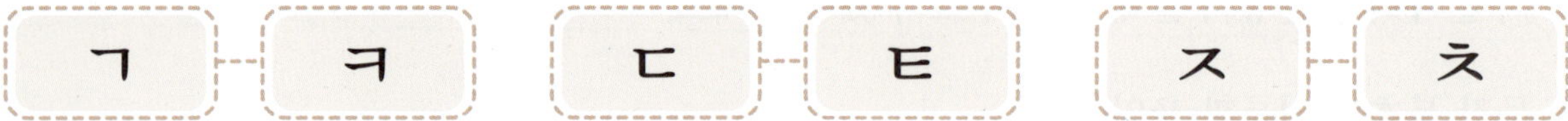

◇ 방향을 달리하면 다른 글자가 돼요.

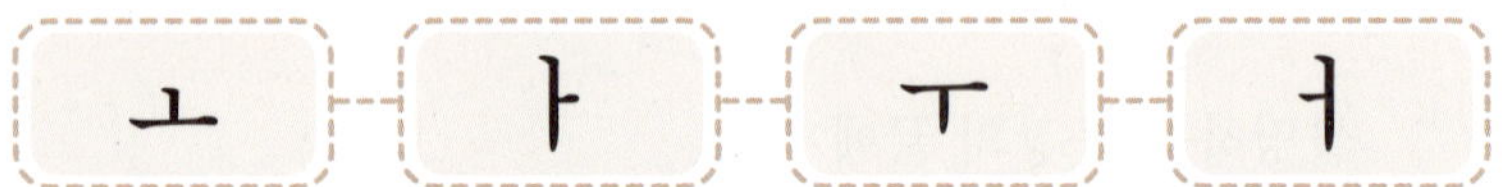

◇ 글자를 바꾸어 뜻이 다른 낱말을 만들어요.

한글은 첫 자음자, 모음자, 받침으로 글자를 만들 수 있어요.

	첫 자음자만 바꾸기	모음자만 바꾸기	받침만 바꾸기
달	말, 발, 팔	돌, 둘, 덜	닥, 담, 답
공	동, 종, 콩	강, 겅, 공	곰, 골, 곳
솔	놀, 볼, 졸	살, 숄, 술	솜, 송, 솥
감	남, 밤, 잠	검, 겸, 곰	간, 강, 갚

→ 첫 자음자, 모음자, 받침 가운데 하나만 바꾸어도 글자의 모양과 뜻이 달라져요.

◆ 4 문장을 자연스럽게 띄어 읽어요

◇ 문장을 읽을 때는 내용을 생각하며 뜻이 잘 통할 수 있게 띄어 읽어요.

◇ 문장을 자연스럽게 띄어 읽는 방법

① '누가, 무엇이'에 해당하는 말 뒤에서 ∨(쐐기표)를 하고 조금 쉬어 읽어요.

> 예 나는∨어제 친구를 만났다.
>
> 예 우리 가족은∨주말에 여행을 갔다.
>
> 예 선생님께서∨숙제를 내 주셨다.

② 쉼표 뒤에서 ∨(쐐기표)를 하고 조금 쉬어 읽어요.

> 예 건이야,∨내가∨도와줄게.
>
> 예 공작새야,∨너에게는∨아름다운 깃털이∨있잖아.
>
> 예 비가∨오면,∨우산을 쓰고 나가야 돼.

③ 마침표, 물음표, 느낌표 뒤에서 ∨∨(겹쐐기표)를 하고 ∨(쐐기표)보다 조금 더 쉬어 읽어요.
글이 끝나는 곳에서는 ∨∨(겹쐐기표)를 하지 않아요.

> 예 호랑이가∨쫓아왔어요.∨∨너무 무서웠어요.
>
> 예 동생이∨뽀글뽀글 파마를 했어요.∨∨동생의 생김새가∨더 귀여워졌어요.
>
> 예 심장이∨콩닥콩닥.∨∨얼굴이∨화끈화끈.∨∨머릿속은∨도화지처럼 새하얘졌어요.∨∨'그동안 연습을
> 얼마나 많이 했는데,∨왜 입이∨안 움직이지?'∨∨나는∨눈앞이∨캄캄했어요.

이 책에 수록된 낱말 290개는 초등학교 1학년 2학기 국어 교과서에 수록된 낱말 269개와
교과서에 수록되지는 않았으나 초등학교 1학년 수준에 맞는 낱말 21개를 엄선하여 실었습니다.

❶ 낱말 정확하게 쓰기: 겹받침이 들어간 말

겹받침 ㄱㅅ	겹받침 ㄴㅈ	겹받침 ㄴㅎ	겹받침 ㄹㄱ		겹받침 ㄹㅁ
넋*	앉다	괜찮다	굵다	붉다	굶다*
몫*	얹다*	끊다*	긁다	산기슭*	닮다*
품삯*		많다*	까닭	수탉*	삶다*
		않다	닭	암탉*	옮기다*
			맑다	읽다	젊다*
			밝다	흙	

겹받침 ㄹㅂ	겹받침 ㄹㅌ	겹받침 ㄹㅍ	겹받침 ㄹㅎ	겹받침 ㅂㅅ
넓다	개미핥기*	읊다*	꿇다	가엾다
떫다*	핥다*		뚫다	끝없다
밟다	훑다*		싫다	없다
얇다			앓다	약값
여덟			옳다	틀림없다
짧다			잃다	

❷ 낱말 정확하게 읽기: 글자와 다르게 소리 나는 말

[ㄱ] 소리	[ㄴ] 소리	[ㄷ] 소리	[ㄹ] 소리	[ㅁ] 소리	[ㅂ] 소리	받침이 뒤로 넘어가서 소리 나는 말	받침이 뒤의 첫소리와 합쳐져 소리 나는 말
깎다	괜찮다	맡다	넓다	굶다*	밟다	꽃이	깨끗하다
낚다	나뭇잎	숫자	닳다	닮다*	앞	여럿이	땋다
몫*	노랫말	잊다	여덟	삶다*	약값	옆에	빨갛게
부엌	바닷물	찼다	옳다	옮기다*	없다	옷을	어색하다
붉다	앉다	치읓	핥다	젊다*	읊다	잊어버리다	좋다
읽다	않다	히읗	훑다		피읖	찾아라	파랗다

❸ 흉내 내는 말: 모양을 흉내 내는 말

숲속의 동물들	따뜻한 봄	무더운 여름	할머니와 가을	눈 오는 겨울	사랑스러운 내 동생
깡충깡충	꾸벅꾸벅	둥실둥실	꼬불꼬불	꽁꽁	그렁그렁
뒤뚱뒤뚱	살랑살랑	버럭버럭	대롱대롱	달달	방긋
복슬복슬	파릇파릇	살금살금	뚝	덩실덩실	빙글빙글
엉금엉금	찰랑찰랑	화끈화끈	매끈매끈	또박또박	뽀글뽀글
포르르	활짝	휘리릭	울긋불긋	반짝반짝	사뿐사뿐
폴짝폴짝	휘휘	흔들흔들	주렁주렁	텅텅	오르락내리락

■ 낱말 옆의 빨간 별표(*)는 교과서에 나오지 않은 낱말임을 표시합니다.

흉내 내는 말 : 소리를 흉내 내는 말

동물원의 동물들	변덕스러운 날씨	라면을 맛있게 끓이는 방법	시끌벅적한 놀이터	재미있는 여름 방학	무서운 예방 주사
맴맴	쌩쌩	꼴깍꼴깍	낑낑	까르르	엉엉
삐악삐악	와장창	보글보글	스르륵	깔깔	잉잉
야옹	우르릉 쾅쾅	째깍째깍	씽씽	바스락	톡
어흥	찌지직	쨍그랑	재잘재잘	소곤소곤	펑펑
윙윙	콩닥콩닥	컥컥	쿵쾅쿵쾅	첨벙첨벙	훌쩍
으르렁	후드득	탈탈	툭	퐁당	흑흑

④ 기분을 나타내는 말

사랑하는 우리 가족	상쾌한 아침	설레는 등굣길	떨리는 수업 시간	기다려지는 점심시간	즐거운 하굣길	재미있는 책 읽기	편안한 잠자리
감사해요	놀라워요	기뻐요	걱정돼요	고마워요	무서워요	두려워요	개운해요
뭉클해요	못마땅해요	당황스러워요	겁나요	궁금해요	미안해요	슬퍼요	괜찮아요
보고 싶어요	불편해요	떨려요	답답해요	수상해요	부러워요	심심해요	귀찮아요
사랑해요	상쾌해요	반가워요	뿌듯해요	신기해요	속상해요	재미있어요	졸려요
즐거워요	조마조마해요	신나요	샘나요	탐나요	시시해요	지루해요	편해요
행복해요	힘들어요	어색해요	얄미워요	후회스러워요	웃겨요	화나요	피곤해요

⑤ 반대말 / 시간을 나타내는 말 / 물건을 셀 때 쓰는 말

반대말			시간을 나타내는 말		물건을 셀 때 쓰는 말	
가늘다/굵다	두껍다/얇다	쉽다/어렵다	깊은 밤	오전	권	자루
가까이*/멀리	들어가다/나가다	얻다/잃다	며칠 뒤	오후	개	장
같다/다르다	뜨다/가라앉다	이기다/지다	새벽	이튿날	그루	채
귀하다/흔하다	모이다/흩어지다*	있다/없다	아침 일찍	저녁	대	켤레
길다/짧다	묶다/풀다	정말/거짓말	어느 날	점심때	묶음	통
깨끗하다/더럽다	밝다/어둡다	조용하다/시끄럽다	어제		벌	
낮/밤	붙이다/떼다	좋다/싫다	옛날		올	
넓다/좁다	빠르다/느리다	진짜/가짜				

⑥ 외래어 / 교과서 낱말 뜻 알기

컴퓨터 관련 외래어	음식 관련 외래어	일상생활 관련 외래어	교과서 낱말 뜻 알기		
게임	버터	세트	간신히	귀가	신기하다
노트북	브로콜리	케이크	감쪽같이	막내	요원
메일	소시지	텔레비전	건널목	무시무시하다	표현하다
스크롤	수프	파티	꺼병이	발견	하마터면
와이파이	치즈	피아노	구덩이	발명	확인하다
컴퓨터	핫도그	훌라후프	구별하다	서두르다	활용하다

[초등 국어! 쓰기가 답이다]
교과서 낱말로 놀며 받아쓰기 　초등 국어 1-2

이 책은 이렇게 구성되었어요!

1 **초등학교 1학년 2학기 국어 교과서에 나오는 중요 낱말 엄선!**
교과서 속 중요 낱말들을 알아보기 쉬운 그림과 함께 수록하였어요. 한글로 놀이하고 따라 쓰고 받아쓰는 동안 교과서 낱말을 완벽하게 익히게 되어 학교 수업에서 자신감을 가질 수 있도록 하였어요.

2 **국어 교과서의 차례와 구성에 맞춘 따라 쓰고 받아쓰기!**
교과서 단원별로 꼭 알아야 하는 내용에 맞추어, 중요 낱말들을 다양한 형식의 예문과 함께 수록하였어요. 교과서 낱말을 재미있게 익히면서 따라 쓰고 받아쓰는 연습을 충분히 하다 보면 교과서 속 핵심 내용까지 저절로 기억할 수 있어요.

3 **국어 교과서 낱말로 시작하는 한글 놀이!**
숨은 낱말 찾기, 선 잇기, 미로 찾기, 다른 그림 찾기, 색칠하기, 낱말 완성하기, 낱말 퍼즐 등 아이들이 좋아하는 놀이 위주의 활동과 따라 쓰고 받아쓰는 활동을 번갈아 배치해 학습의 흥미를 높였어요.

따라 쓰기, 받아쓰기 음원 듣기

QR 코드를 휴대폰으로 찍어요.

해당 음원을 들으며 낱말 따라 쓰기와
문장 속 낱말 받아쓰기를 충분히 반복 연습해요.

1장

낱말 정확하게 쓰기

: 겹받침이 들어간 말

겹받침 ㄳ이 들어간 말

1 낱말 익히기

수지와 준이가 가위바위보를 해서 이긴 사람이 규칙에 맞는 카드를 가져가는 놀이를 하고 있어요. 놀이에서 이기려면 꼭 **겹받침 ㄳ**이 들어간 말이 적혀 있는 카드를 찾아야 해요. **겹받침 ㄳ**이 들어간 말이 적혀 있는 카드를 모두 찾아서 ○표 하세요.

2 낱말 따라쓰기

낱말을 소리 내어 읽고, 바르게 따라 쓰세요.

넋
넋

몫
몫

품	삯
품	삯

3 그림에 맞는 낱말을 찾아 선으로 이으세요.

- 넋
- 넉
- 넉

- 품삭
- 품삯
- 품삯

- 목
- 몫
- 못

4 불러 주는 문장을 잘 듣고, 빈칸에 들어갈 낱말을 받아쓰세요. 

1 열심히 일해서 ☐☐ 을 받았어요.

2 너무 놀라 ☐ 이 나갔어요.

3 내 ☐ 이 너무 적어요.

겹받침 ㄵ, ㄶ이 들어간 말

1
낱말 익히기

수목원으로 현장 체험 학습을 왔어요. 간식은 먹을 만큼만 통에 담아 가져오기로 했는데 친구들은 어떤 간식을 가져왔을지 궁금해요. **겹받침 ㄵ, ㄶ**이 들어간 말이 적혀 있는 통에는 과자가 담겨 있다고 해요. **겹받침 ㄵ, ㄶ**이 들어간 말이 적혀 있는 도시락 통을 모두 찾아서 ○표 하세요.

2
낱말 따라쓰기

낱말을 소리 내어 읽고, 바르게 따라 쓰세요.

앉 다	얹 다
끊 다	많 다
앓 다	괜 찮 다

3 ☐ 안에 들어갈 글자를 찾아 ✔ 표 하세요.

4 불러 주는 문장을 잘 듣고, 빈칸에 들어갈 낱말을 받아쓰세요.

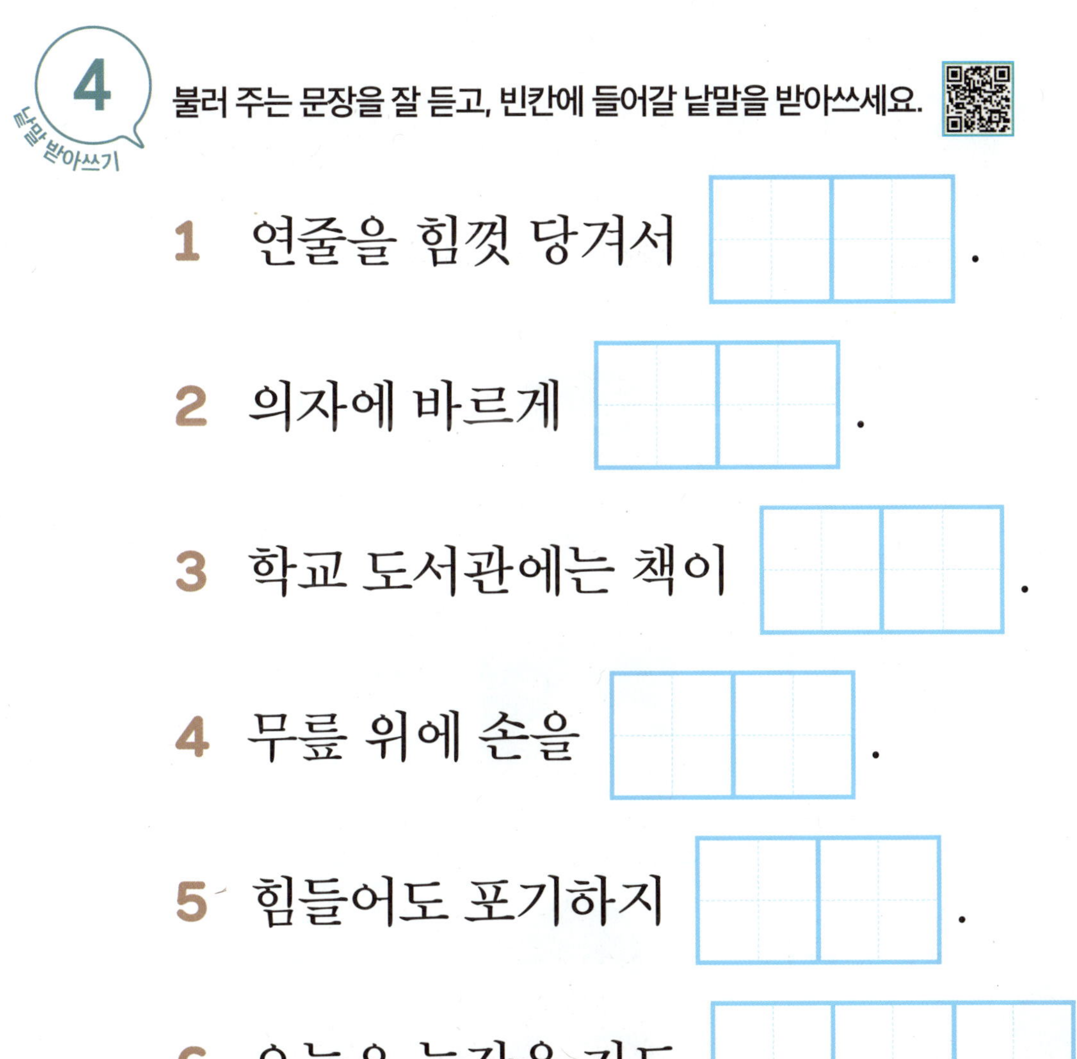

겹받침 ㄺ이 들어간 말 ①

1 부모님 손을 잡고 박물관에 견학을 왔어요. 박물관 안에는 여러 개의 전시관이 있는데, 우리는 **겹받침 ㄺ**이 들어간 말이 적혀 있는 곳을 먼저 둘러보려고 해요. 안내도를 잘 보고, **겹받침 ㄺ**이 들어간 말이 적혀 있는 전시관을 모두 찾아서 ○표 하세요.

2 낱말을 소리 내어 읽고, 바르게 따라 쓰세요. 

3 낱말 친해지기

그림에 맞는 낱말을 찾아 선으로 이으세요.

붗다 •	•  •	• 굵다
밝다 •	• •	• 붉다
굵다 •	• •	• 맑다
굵다 •	• •	• 밖다
맑다 •	• •	• 긁다

4 낱말 받아쓰기

불러 주는 문장을 잘 듣고, 빈칸에 들어갈 낱말을 받아쓰세요. 

1 큰 소리로 책을 ☐☐ .

2 가을 하늘이 ☐☐ .

3 동생이 머리를 벅벅 ☐☐ .

4 딸기는 잘 익을수록 ☐☐ .

5 코끼리 다리는 아주 ☐☐ .

6 방 안의 불빛이 ☐☐ .

겹받침 ㄺ이 들어간 말 ②

1 우리 반 친구들이 단체로 영화관에 왔어요. 영화를 보기 전에 다 같이 먹을 팝콘을 종류별로 샀는데, 내가 좋아하는 캐러멜 팝콘에는 **겹받침 ㄺ**이 들어간 말이 적혀 있어요. **겹받침 ㄺ**이 들어간 말이 적혀 있는 팝콘을 모두 찾아서 ○표 하세요.

2 낱말을 소리 내어 읽고, 바르게 따라 쓰세요. 

흙
흙

3 □ 안에 들어갈 글자를 찾아 ✔ 표 하세요.

까□	□	산기□
닭 닭 닶	흑 흣 흙	슭 슢 슯

암□	수□	□
탉 탇 탉	탉 탋 탇	닦 닭 닮

4 불러 주는 문장을 잘 듣고, 빈칸에 들어갈 낱말을 받아쓰세요.

1 [ ][ ] 이 알을 낳았어요.

2 비가 오는 [ ][ ] 이 궁금해요.

3 [ ] 과 병아리가 모이를 먹어요.

4 [ ][ ][ ] 에 꽃이 예쁘게 피었어요.

5 신발에 [ ] 이 잔뜩 묻었어요.

6 [ ][ ] 이 "꼬끼오!" 하고 울어요.

겹받침 ㄻ이 들어간 말

1 낱말 익히기

우리 반 친구들이 도서관에서 읽고 싶은 책들을 골라 교실에 가져다 놓았어요. 이 책들 중에서 **겹받침 ㄻ**이 들어간 말이 적혀 있는 것은 내가 이미 다 읽은 책이에요. **겹받침 ㄻ**이 들어간 말이 적혀 있는 책을 모두 찾아서 ○표 하세요.

2 낱말 따라쓰기

낱말을 소리 내어 읽고, 바르게 따라 쓰세요.

3 그림에 맞는 낱말을 찾아 선으로 이으세요.

젊다		옮기다
닮다		삶다
굶다		굵다
삶다		닮다
옮기다		젊다

4 불러 주는 문장을 잘 듣고, 빈칸에 들어갈 낱말을 받아쓰세요. 

1 선생님이 엄마보다 더 ⬜⬜ .

2 의자를 옆으로 ⬜⬜⬜ .

3 오빠와 내가 ⬜⬜ .

4 국수를 맛있게 ⬜⬜ .

5 아침부터 점심까지 ⬜⬜ .

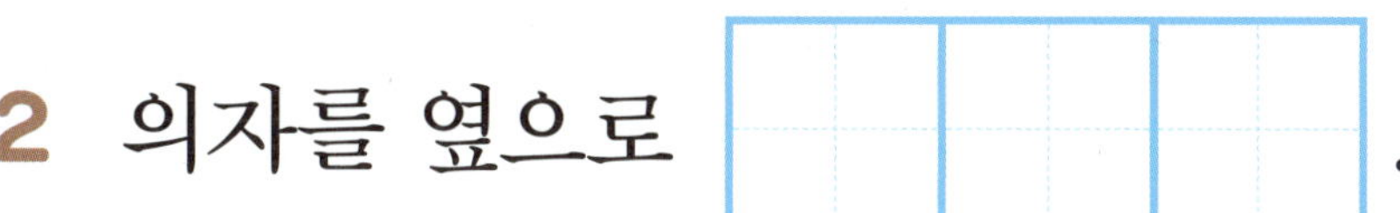

겹받침 ㄳ, ㄵ, ㄶ, ㄺ, ㄻ이랑 놀아요

1 그림이 가리키는 낱말을 왼쪽에서 오른쪽(→), 또는 위에서 아래(↓) 방향으로 찾아 ○표 하고, 따라 쓰세요.

엎	따	언	안	따	산	기	슭	슬
다	엱	다	타	안	끼	산	기	슭
언	따	앉	않	다	슥	슟	옮	올
엎	다	안	타	암	탁	옴	기	다
타	맑	따	암	탉	옮	기	다	따
막	다	말	닭	탈	닮	따	괜	괜
따	맒	품	삯	담	다	닭	다	찬
품	싹	삭	삿	읽	따	괜	찮	다
삵	풂	일	익	다	읾	찬	타	닳

2 글자를 순서대로 색칠해 그림에 맞는 정확한 낱말을 완성하세요.

| 많 | 만 | 맞 | 다 | 타 |

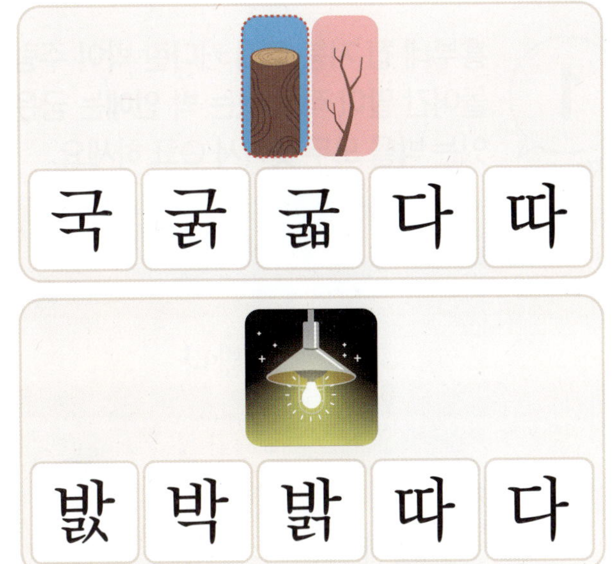

| 국 | 굵 | 굶 | 다 | 따 |

| 가 | 까 | 닭 | 닳 | 닥 |

| 밝 | 박 | 밝 | 따 | 다 |

3 그림에 맞는 낱말이 되도록 알맞은 글자를 찾아 ○표 하세요.

안	앉	앇
앓	앍	앎
앏	않	앉

□ 다

극	긁	긇
긇	긁	긂
긂	긊	긇

□ 다

북	붉	붖
붕	붉	붉
붋	붊	붉

□ 다

삼	삯	삺
삶	삾	삻
산	삵	삶

□ 다

4 그림에 맞는 낱말을 찾아 ○표 하세요.

| 묶 |
| 묷 |

| 닭 |
| 닶 |

| 흙 |
| 흚 |

겹받침 ㄼ이 들어간 말

1 흥부네 집 지붕 위에 커다란 박이 주렁주렁 열렸어요. 그런데 잘 익은 박들 중에서 **겹받침 ㄼ**이 들어간 말이 적혀 있는 박 안에는 금은보화가 가득 들어 있대요. **겹받침 ㄼ**이 들어간 말이 적혀 있는 박을 모두 찾아서 ○표 하세요.

2 낱말을 소리 내어 읽고, 바르게 따라 쓰세요. 

3 친해지기

☐ 안에 들어갈 글자를 찾아 ✔ 표 하세요.

4 받아쓰기

불러 주는 문장을 잘 듣고, 빈칸에 들어갈 낱말을 받아쓰세요. 

1 맨발로 땅을 ☐☐ .

2 감이 덜 익어서 ☐☐ .

3 문어는 다리가 ☐☐ 개예요.

4 바다는 무척 ☐☐ .

5 연필의 길이가 ☐☐ .

6 국어책의 두께가 ☐☐ .

겹받침 ㄲ이 들어간 말

1 임금님이 소금을 만드는 신기한 맷돌 여러 개를 도둑맞았는데 지금 그 맷돌들이 시장에 나와 있대요. 수많은 맷돌들 중에서 **겹받침 ㄲ**이 들어간 말이 적혀 있는 것이 바로 그 신기한 맷돌이에요. **겹받침 ㄲ**이 들어간 말이 적혀 있는 맷돌을 모두 찾아서 ○표 하세요.

2 낱말을 소리 내어 읽고, 바르게 따라 쓰세요. 

3 그림에 맞는 낱말을 찾아 선으로 이으세요.

- 훑다
- 흙다
- 훓다

- 개미핥기
- 개미핡기
- 개미핥기

- 핤다
- 핥다
- 핣다

4 불러 주는 문장을 잘 듣고, 빈칸에 들어갈 낱말을 받아쓰세요.

1 빠른 속도로 책을 ☐☐ .

2 강아지가 내 손을 ☐☐ .

3 ☐☐☐☐ 가 개미를 먹어요.

08

겹받침 ㄿ, ㅄ이 들어간 말

1 낱말 익히기

어느 청년이 손에 쥐고 있던 깃털을 잠깐 내려놓았는데, 너무 가벼워 바람에 모두 날아갔어요. 호수 위에 떠 있는 깃털들 중에서 **겹받침 ㄿ, ㅄ**이 들어간 말이 적혀 있는 것이 바로 청년이 잃어버린 깃털이에요. **겹받침 ㄿ, ㅄ**이 들어간 말이 적혀 있는 깃털을 모두 찾아서 ○표 하세요.

2 낱말 따라쓰기

낱말을 소리 내어 읽고, 바르게 따라 쓰세요.

읊다	가엾다
약값	끝없다
없다	틀림없다

3 말과 친해지기   □ 안에 들어갈 글자를 찾아 ✔ 표 하세요.

	□다	약□	틀림□다
	없 / 엾 / 없	값 / 값 / 갎	엾 / 없 / 없

	□다	끝□다	가□다
	읊 / 읇 / 읊	없 / 엾 / 없	엹 / 엹 / 엹

4 말 받아쓰기   불러 주는 문장을 잘 듣고, 빈칸에 들어갈 낱말을 받아쓰세요. 

1 이 □□ 은 얼마예요?

2 엄마 잃은 강아지가 □□□ .

3 부모님의 사랑은 □□□ .

4 예쁜 목소리로 시를 □□ .

5 교실 안에는 아무도 □□ .

6 1번의 정답은 4가 □□□□ .

09

겹받침 ㄶ이 들어간 말

1 할머니가 꽃밭을 가꾸다 요술 항아리를 발견하고는 그 안에 호미 여러 개를 넣어 두었다가 하나씩 꺼냈어요. 그런데 자꾸자꾸 나오는 호미들 중에서 **겹받침 ㄶ**이 들어간 말이 적혀 있는 것들만 진짜 호미예요. **겹받침 ㄶ**이 들어간 말 적혀 있는 호미를 모두 찾아서 ○표 하세요.

2 낱말을 소리 내어 읽고, 바르게 따라 쓰세요.

끓다 / 끓다

뚫다 / 뚫다

싫다 / 싫다

앓다 / 앓다

옳다 / 옳다

잃다 / 잃다

3 그림에 맞는 낱말을 찾아 선으로 이으세요.

싫다		뚫다
끓다		읽다
뚫다		싫다
옳다		끊다
잃다		옳다

4 불러 주는 문장을 잘 듣고, 빈칸에 들어갈 낱말을 받아쓰세요.

1 산에서 길을 ☐☐ .

2 나무판에 구멍을 ☐☐ .

3 선생님의 말씀이 ☐☐ .

4 냄비에 물이 펄펄 ☐☐ .

5 감기로 끙끙 ☐☐ .

6 더워서 밖에 나가기 ☐☐ .

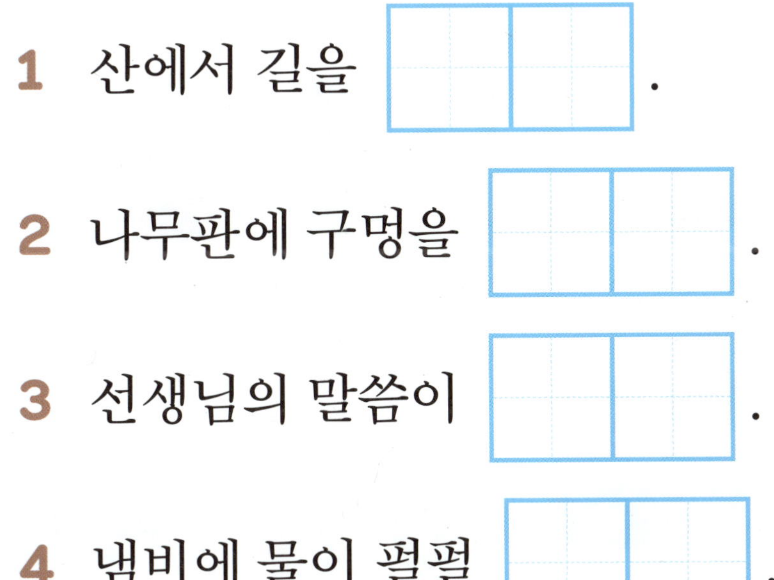
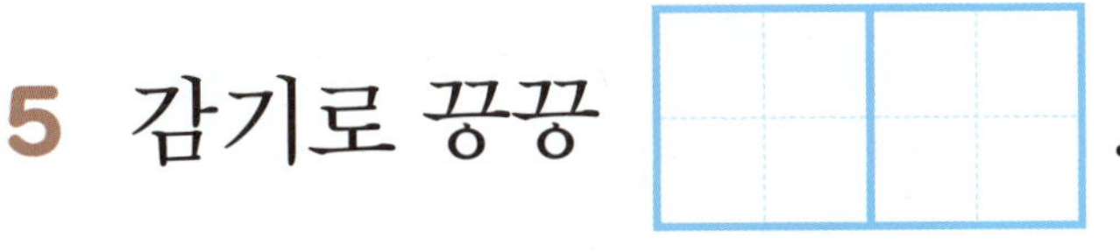

겹받침 ㄼ, ㄾ, ㄿ, ㅄ, ㅀ 이랑 놀아요

1 낱말을 따라 쓰고, 낱말에 해당하는 그림을 찾아서 ○표 하세요.

| 끓 | 다 | 끝 | 없 | 다 | 여 | 덟 | 핥 | 다 | 읊 | 다 |
| 넓 | 다 | 가 | 엾 | 다 | 읽 | 다 | 개 | 미 | 핥 | 기 |

2 글자를 순서대로 색칠해 그림에 맞는 정확한 낱말을 완성하세요.

| 옳 | 올 | 옳 | 다 | 타 |

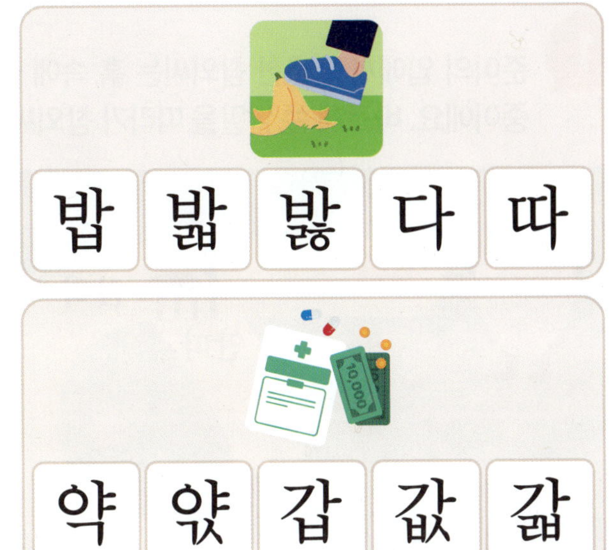

| 밥 | 밟 | 밢 | 다 | 따 |

| 짧 | 짧 | 짤 | 다 | 따 |

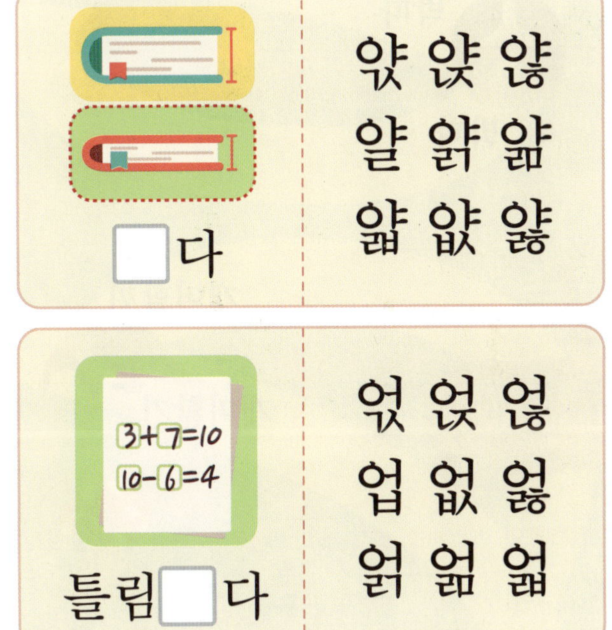

| 약 | 얏 | 갑 | 값 | 갎 |

3 그림에 맞는 낱말이 되도록 알맞은 글자를 찾아 ○표 하세요.

업 없 엾
엇 엊 엉
읽 얾 엶
□ 다

얏 얐 얗
얄 얇 얇
얇 얇 않
□ 다

싳 싳 싷
실 싥 싦
싶 싰 싫
□ 다

엇 엊 엉
업 없 엾
읽 얾 엶
틀림□ 다

4 그림에 맞는 낱말을 찾아 ○표 하세요.

| 뚤타 | 뚫다 | 뚧다 |

| 알타 | 앒다 | 앓다 |

| 훑다 | 훓다 | 훌타 |

겹받침 ㄳ~ㅀ으로 재미있게 놀아요

1 준이의 입에서 탈출한 참외씨는 흙 속에 들어가 달고 맛있는 참외가 되고 싶어 부지런히 도망가는 중이에요. 바르게 쓴 낱말을 따라가 참외씨가 흙 속으로 안전하게 들어갈 수 있게 해 주세요.

2 네 개의 낱말에 공통으로 들어갈 받침을 찾아 ○표 하고, 오른쪽 칸에 각 낱말을 완성해 보세요.

겹받침 ㄳ~ㅀ으로 재미있게 놀아요

3 어디에 숨어 있을까요? 뒤죽박죽 섞여 있는 낱말들 속에서 그림에 해당하는 낱말을 모두 찾아 ○표 하세요.

암탉 가엾다 말따 안타

틀림없다 옴 기다

앉다 옳기다 맑다

굵다 알타 알 다 만따

굶다 않다 옮기다

국따 만타 넋

가엽따 가없다 암탁

많다 틀림업따 맑다

넋

앓다 암닥 넷 틀림업다

낱말 정확하게 읽기

: 글자와 다르게 소리 나는 말

1 낱말을 바르게 따라 쓰고, 정확하게 읽은 것에 ○표 하세요.

1  부 억 쪽으로 가까이 갈수록 맛있는

[부억] [부엌] [부웤]

냄새가 난다.

2 아빠와 강에서 물고기를 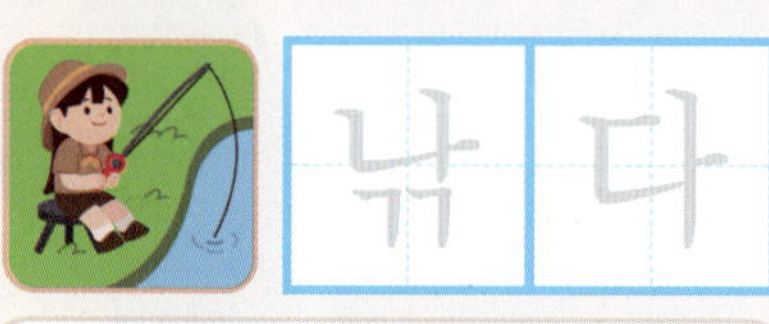 낚 다 깜빡

잠이 들었다.

[낚따] [낚따] [낙따]

3 조심조심 사과를  깎 다 보니 손에 힘이

잔뜩 들어갔다.

[깍따] [깎따] [깍따]

4 동생이 내  몫 까지 과자를 다 먹어 버렸다.

[몫] [목] [못]

5 열심히 책을  읽 다 가 재미있었던

[일따] [읽따] [익따]

기억이 떠올라 웃음이 났다.

6 해가 지는 서쪽 하늘에 보이는 노을빛이 오늘

따라 더 붉 다 .

[불따] [북따] [붉따]

2 소리 나는 대로 적은 말을 참고해, 그림에 맞는 정확한 낱말을 찾아 ○표 하세요.

[북따]
붉다　북다

[목]
목　몫

[깍따]
깎다　깍다

[낙따]
낙다　낚다

[익따]
읽다　익다

[부억]
부억　부엌

3 불러 주는 문장을 잘 듣고, 빈칸에 들어갈 낱말을 받아쓰세요. 

1 마당의 잔디를 　　　.

2 이만큼은 내 　　이에요.

3 엄마가 　　에서 설거지를 해요.

4 한글을 또박또박 　　.

5 동생의 입술 색깔이 　　.

6 아주 큰 물고기를 　　.

받침이 [ㄴ]으로 소리 나는 말

1 낱말 익히기

낱말을 바르게 따라 쓰고, 정확하게 읽은 것에 ○표 하세요.

1 가을이 되니 빨갛고 노란 들이 우수수 떨어진다.

나 뭇 잎

[나뭇닙] [나문닙] [나둔닙]

2 오늘 우리가 부른 동요의 속에는 사랑이 담겨 있다.

노 랫 말

[노랜말] [노램말] [노랜말]

3 나와 내 동생은 신발을 벗고 로 첨벙첨벙 뛰어들었다.

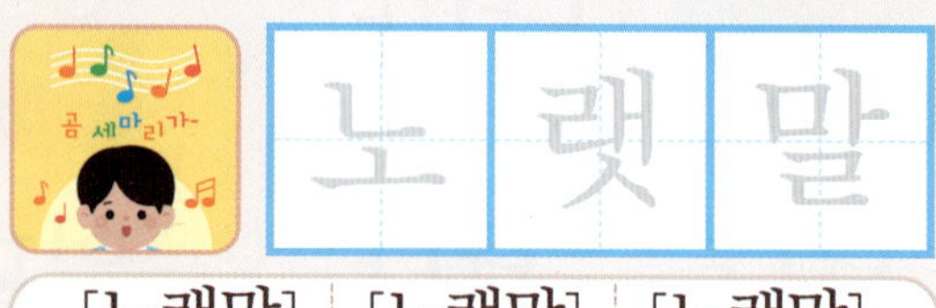

바 닷 물

[바단물] [바닫물] [바답물]

4 준이는 장난을 치며 의자에 엉덩방아를 찧고 말았다.

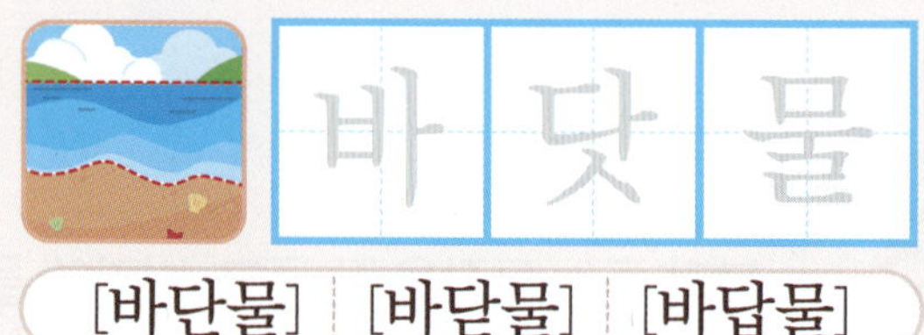

앉 다 가

[안따] [앗따] [안따]

5 넘어져서 무릎에 상처가 났지만, 엄마가 약을 발라 주서서 이제

괜 찮 다 .

[괜찰타] [괜찬타] [괜찷타]

6 나는 내 방 청소를 하면서 엄마가 하시는 집안일이 쉽지

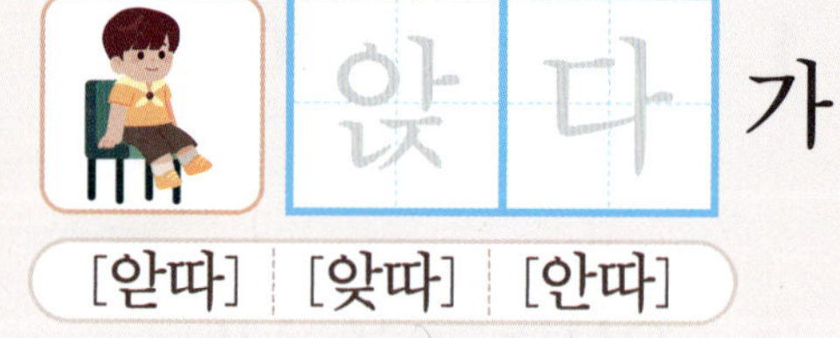

않 다 는 것을 알게 되었다.

[안타] [압타] [앟타]

2 낱말 친해지기

소리 나는 대로 적은 말을 참고해, 그림에 맞는 정확한 낱말을 찾아 선으로 이으세요.

안타 ●	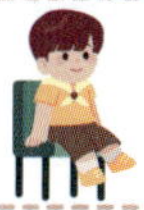 ●  [안따] ●	● 앉다
안다 ●	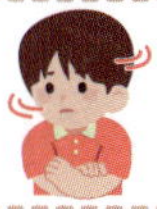 ● [안타] ●	● 나무잎
괜찮다 ●	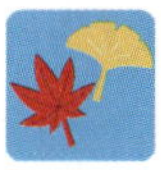 ● [나문닙] ●	● 않다
나뭇잎 ●	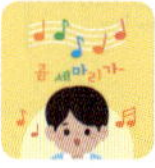 ● [노랜말] ●	● 괜찬다
노래말 ●	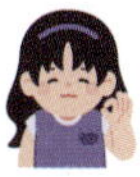 ● [괜찬타] ●	● 노랫말

3 낱말 받아쓰기

불러 주는 문장을 잘 듣고, 빈칸에 들어갈 낱말을 받아쓰세요.

1 오늘은 날씨가 좋지 ☐☐ .

2 아직은 ☐☐☐ 이 차가워요.

3 ☐☐☐ 이 바람에 흔들려요.

4 친구와 마주 보고 ☐☐ .

5 슬플 때는 울어도 ☐☐☐ .

6 재미있는 ☐☐☐ 을 익혀요.

12

받침이 [ㄷ]으로 소리 나는 말

1 낱말을 바르게 따라 쓰고, 정확하게 읽은 것에 ○표 하세요.

1 수학 시간에 1부터 10까지의  숫 자 를 크고 예쁜 글씨로 써 보았다.

[숫짜] [숟짜] [순짜]

2 나는 내 앞으로 굴러온 축구공을 보고 상대편 골대를 향해 힘껏 찼 다 .

[찬따] [찻따] [찯따]

3 친구와 한 약속을 잇 다 니, 어떻게 그럴 수 있지?

[잇따] [읻따] [읻따]

4 '  치 읓 ' 다음 오는 한글 자음은 '키읔'이다.

[치읃] [치읕] [치읏]

5 꽃밭에서 장미꽃 냄새를 맡 다 가 벌이 날아와 깜짝 놀랐다.

[맏따] [맛따] [맡따]

6 한글 자음 '티읕'과 '  히 읗 ' 사이에는 '피읖'이 있다.

[히읕] [히읏] [히읃]

2 그림을 보고, 바르게 쓴 낱말에는 ○표, 정확하게 읽은 것에는 ✔ 표 하세요.

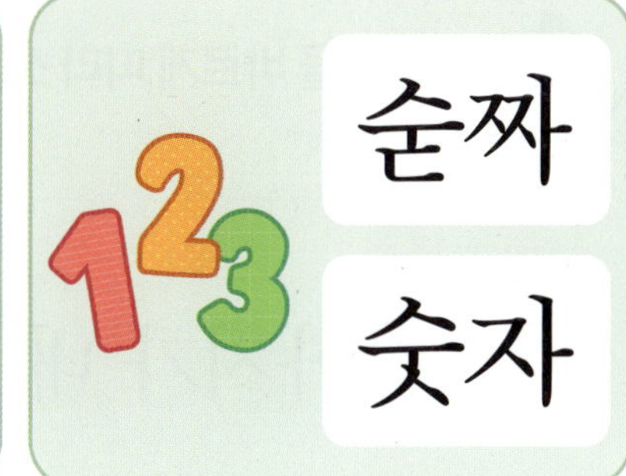

3 불러 주는 문장을 잘 듣고, 빈칸에 들어갈 낱말을 받아쓰세요. 

1 진한 꽃향기를 ☐☐ .

2 나는 ☐☐ 공부를 좋아해요.

3 ' ☐☐ '은 한글의 마지막 자음이에요.

4 공을 발로 세게 ☐☐ .

5 숙제하는 것을 깜빡 ☐☐ .

6 '옻'에는 ☐☐ 받침이 들어가요.

13

받침이 [ㄹ]로 소리 나는 말

1 낱말을 바르게 따라 쓰고, 정확하게 읽은 것에 ○표 하세요. 

1 강아지가 내 손을  핥 다 가, 같이 놀자고 꼬리를 흔들었다.

[할따] [핥따] [한따]

2 책장을 차례대로  훑 다 가 내가 읽고 싶은 책을 발견했다.

[훌따] [훑따] [훈따]

3 우리 학교 운동장은 친구들이 다 함께 뛰어놀 수 있을 만큼 아주 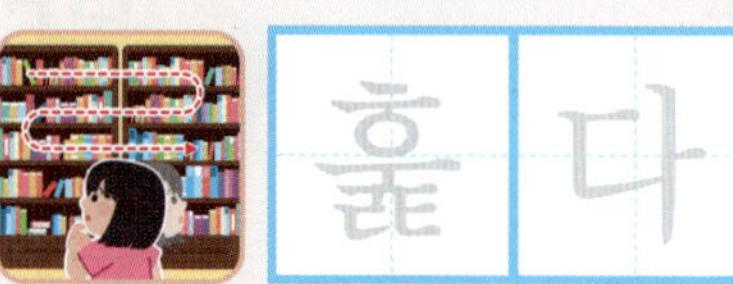 넓 다 .

[넙따] [널따] [넌따]

4 생일 케이크에 초 8 여 덟 개를 꽂고 소원을 빌었다.

[여덜] [여던] [여덥]

5 매일 쓰는 지우개가 점점 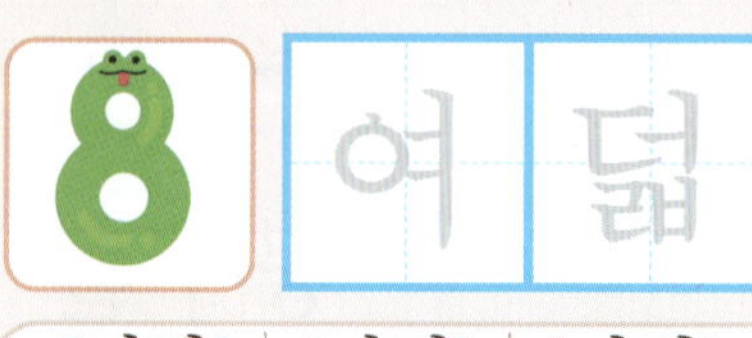 닳 다 가 결국 못 쓸 정도로 작아졌다.

[닿타] [닽타] [달타]

6 선생님이 내가 쓴 답이  옳 다 고 말씀 하시며 칭찬해 주셨다.

[올타] [옫타] [옿타]

2 소리 나는 대로 적은 말을 참고해, 그림에 맞는 정확한 낱말을 찾아 ○표 하세요.

3 불러 주는 문장을 잘 듣고, 빈칸에 들어갈 낱말을 받아쓰세요. 

1 아빠 신발이 다 ☐☐ .

2 구석구석 먼지를 ☐☐ .

3 네 말이 정말 ☐☐ .

4 우리 아빠는 어깨가 ☐☐ .

5 사탕을 혀로 ☐☐ .

6 넷 더하기 넷은 ☐☐ 이에요.

받침이 [ㄱ], [ㄴ], [ㄷ], [ㄹ]로 소리 나는 말이랑 놀아요

1 그림에 맞는 낱말을 찾아 선으로 잇고, 바르게 따라 쓰세요.

깎다	•	•	 [깍따]	•	•	깎다
앓다	•	•	 [안타]	•	•	안타
찼다	•	•	 [찬따]	•	•	찬다
달다	•	•	 [달타]	•	•	닳다
붉다	•	•	 [북따]	•	•	북다
안다	•	•	 [안따]	•	•	앉다
맏다	•	•	 [맏따]	•	•	맡다
히웃	•	•	 [히읕]	•	•	히읗
올다	•	•	 [올타]	•	•	옳다

2 글자를 순서대로 색칠해 그림에 맞는 정확한 낱말을 완성하세요.

[낙따]

| 낙 | 낚 | 낙 | 다 | 따 |

[순짜]

| 숫 | 순 | 숫 | 자 | 짜 |

[읻따]

| 읻 | 잇 | 잊 | 다 | 따 |

[치은]

| 지 | 치 | 웃 | 읏 | 읒 |

3 정확하게 쓴 낱말과 소리 나는 대로 적은 말의 짝으로 이루어진 묶음을 찾아 ○표 하세요.

읽다 - [읽다]
읽다 - [익따]
익따 - [일다]

넓다 - [널따]
넓다 - [넙따]
널따 - [넙따]

여덜 - [여덟]
여덟 - [여덜]
여덟 - [여덟]

괜찮다 - [괜찬다]
괜찬타 - [괜찮다]
괜찮다 - [괜찬타]

4 그림에 맞는 낱말을 정확하게 읽은 것에 ○표 하세요.

[나문닙]
[나뭇잎]
[나무잎]

나뭇잎

[바다물]
[바단물]
[바닷물]

바닷물

[노랫말]
[노래말]
[노랜말]

노랫말

1 낱말을 바르게 따라 쓰고, 정확하게 읽은 것에 ○표 하세요. 

1 가끔 아침을  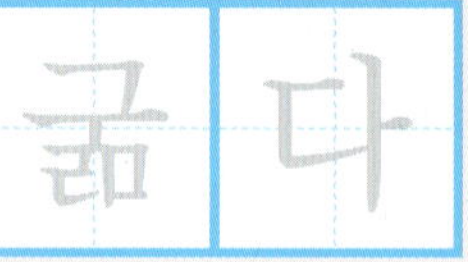 굶 다 보니 점심시간이

[굴따] [굽따] [굼따]

너무 기다려진다.

2 동생과 내가 이렇게 많이  닮 다 니,

[담따] [달따] [답따]

정말 신기하다.

3 엄마가 라면을  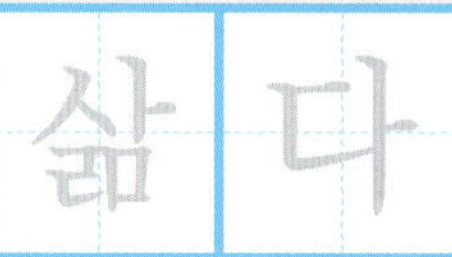 삶 다 가 너무 짜다고

[삼따] [살따] [삶따]

물을 더 부으셨다.

4 동생이 장난감을  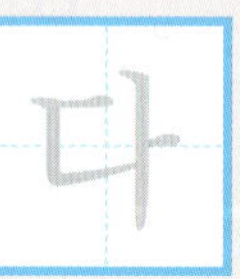 옮 기 다 실수로

[올기다] [옹기다] [옴기다]

바닥에 떨어뜨렸다.

5 우리 할아버지는 나이가 많지만 언제나 마음만은

 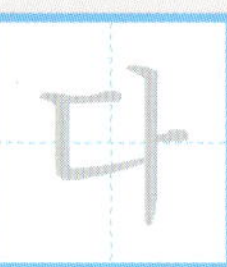 젊 다 고 말씀하신다.

[절따] [점따] [전따]

2 소리 나는 대로 적은 말을 참고해, 그림에 맞는 정확한 낱말을 찾아 선으로 이으세요.

젊다	[담따]	옮기다
삶다	[삼따]	굶다
옴기다	[점따]	접다
굵다	[옴기다]	닮다
담다	[굼따]	삶다

3 불러 주는 문장을 잘 듣고, 빈칸에 들어갈 낱말을 받아쓰세요. 

1 이 중에서 우리 엄마가 제일 ☐☐ .

2 아파서 하루 종일 ☐☐ .

3 형제가 쌍둥이처럼 똑 ☐☐ .

4 큰 솥에 옥수수를 ☐☐ .

5 화분을 마당으로 ☐☐☐ .

1 낱말을 바르게 따라 쓰고, 정확하게 읽은 것에 ○표 하세요. 

낱말 익히기 

1 오늘은 집  앞 공원에서 친구들을 만나

[앞] [압] [암]

재미있게 놀았다.

2 '무릎, 옆, 잎'에는 모두 '  피읖 ' 받침이

[피읍] [피음] [피읖]

들어간다.

3 길에서 예쁜 꽃을  밟다 가 미안한

[밥따] [발따] [밟따]

마음이 들어 걸음을 멈췄다.

4 감기에 걸려서 병원에 가니  약값 이

[약깞] [약깟] [약깝]

생각보다 많이 나왔다.

5 선생님께서 오늘은 숙제가 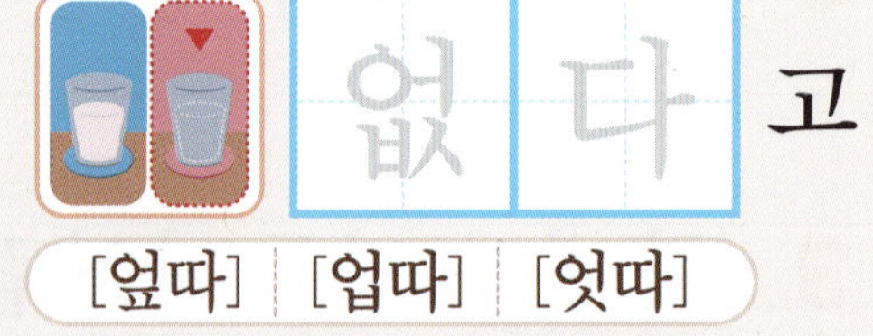 없다 고

[엎따] [업따] [엇따]

말씀하셔서 기분이 좋다.

6 옛날 시를  읊다 가 어려운 말이 나와서

[읍따] [을따] [읖따]

할아버지께 여쭈어보았다.

2 그림을 보고, 바르게 쓴 낱말에는 ○표, 정확하게 읽은 것에는 ✔표 하세요.

3 불러 주는 문장을 잘 듣고, 빈칸에 들어갈 낱말을 받아쓰세요. 

1 컵에 물이 ☐☐ .

2 자전거 페달을 힘차게 ☐☐ .

3 내가 제일 ☐ 에 설게요.

4 친구들 앞에서 동시를 ☐☐ .

5 약을 사고 ☐☐ 을 내요.

6 '숲'에는 ☐☐ 받침이 들어가요.

1 글씨를 바르게 따라 쓰고, 정확하게 읽은 것에 ○표 하세요. 

1 친구들 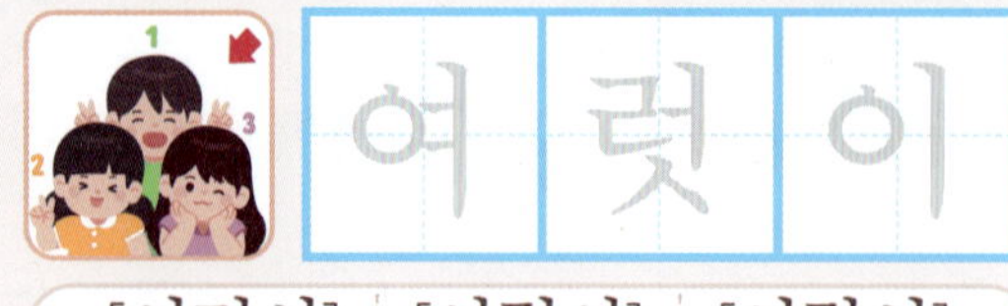 여 럿 이 모여 놀이터에서

[여러시] [여럿이] [여럿시]

재미있게 놀았다.

2 밖에서 놀고 와 더러워진  옷 을 엄마가

깨끗하게 빨아 주셨다.

[옷슬] [오슬] [옷을]

3 배고픈 것도 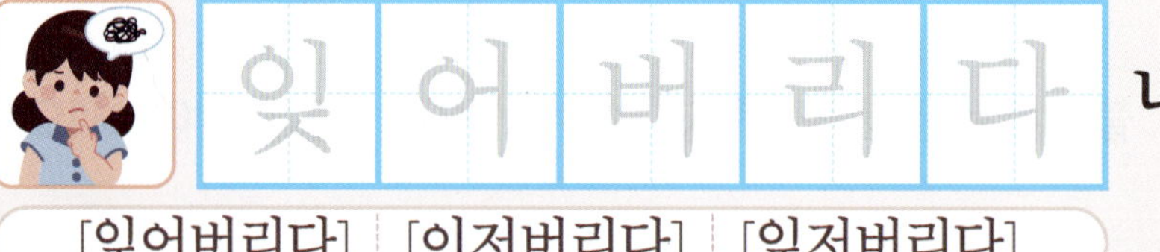 잊 어 버 리 다 니,

정말 놀랍다.

[잊어버리다] [이저버리다] [잊저버리다]

4 선생님께서, "모르는 낱말이 있을 때는 사전을

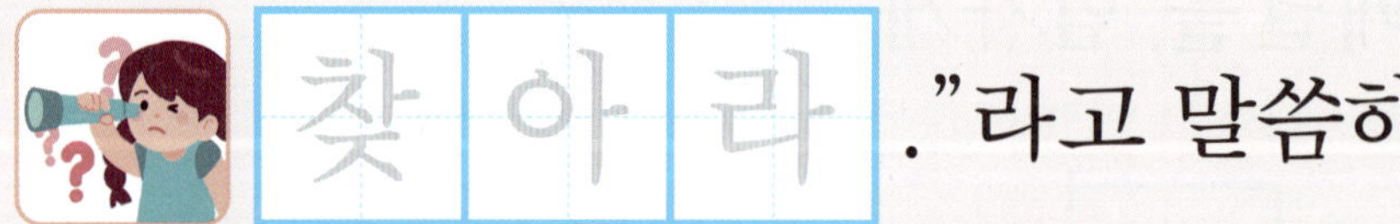 찾 아 라 ."라고 말씀하셨다.

[차자라] [찾자라] [찾아라]

5 봄이 되니 우리 집 화단에도 예쁜  꽃 이

많이 피었다.

[꼬시] [꼬치] [꽃치]

6 우리 학교  옆 에 는 큰 도서관이 있다.

[여베] [옆페] [여페]

정답 166쪽

2 낱말 친해지기

소리 나는 대로 적은 말을 참고해, 그림에 맞는 정확한 말을 찾아 선으로 이으세요.

옷을 •	• 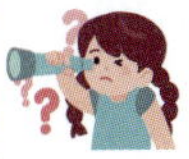 [차자라] •	• 꽃이
옆에 •	• 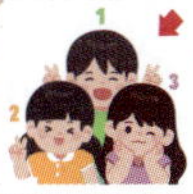 [여러시] •	• 찾아라
찾아라 •	• 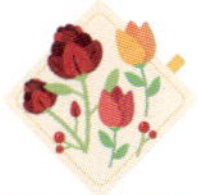 [꼬치] •	• 옆에
여럿이 •	• 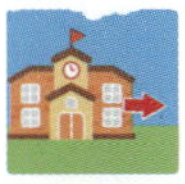 [여페] •	• 옷을
꽃이 •	• 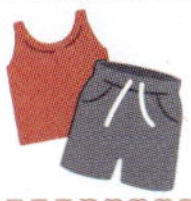 [오슬] •	• 여럿이

3 낱말 받아쓰기

불러 주는 문장을 잘 듣고, 빈칸에 들어갈 말을 받아쓰세요.

1 할머니 ☐☐ 앉고 싶어요.

2 오늘은 새 ☐☐ 입었어요.

3 친구와 한 약속을 ☐☐☐☐☐.

4 네가 잃어버린 우산을 ☐☐☐.

5 노란색 ☐☐ 예쁘게 피었어요.

6 ☐☐☐ 함께하면 힘이 나요.

1 낱말을 바르게 따라 쓰고, 정확하게 읽은 것에 ○표 하세요. 

1 오늘 새 신발을 신고 걸으니 기분이 무척 좋으면서

어 색 하 다 .

[어새하다] [어색카다] [어새카다]

2 나는 우리 교실이 제일
고 생각한다.

깨 끗 하 다

[깨끄타다] [깨끈타다] [깨끗타다]

3 언니가 내 머리를 두 갈래로

리본으로 묶어 주었다.

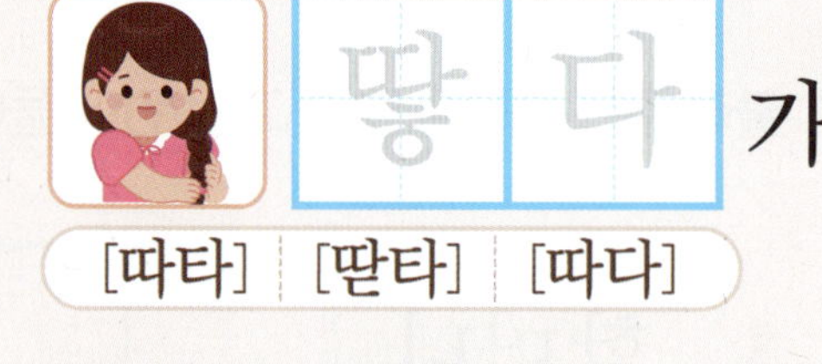
땋 다 가

[따타] [딸타] [따다]

4 줄넘기 100번을 하고 나서

내 얼굴이 너무 웃기다.

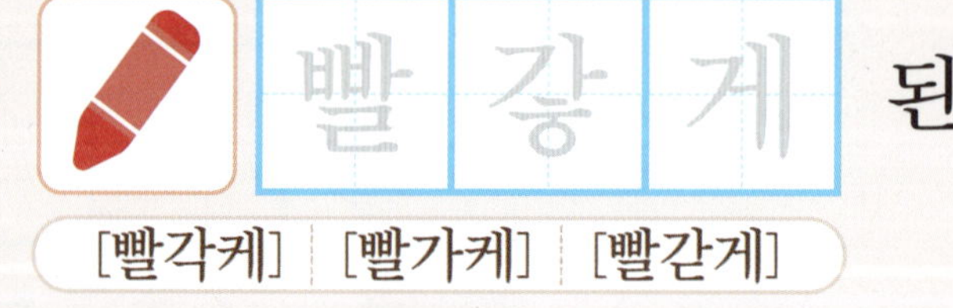
빨 갛 게 된

[빨각케] [빨가케] [빨간게]

5 우리 엄마는 세상에서 내가 제일
고 하신다.

좋 다

[조따] [좋타] [조타]

6 물놀이를 오래 했더니 입술이

못해 보라색이 되었다.

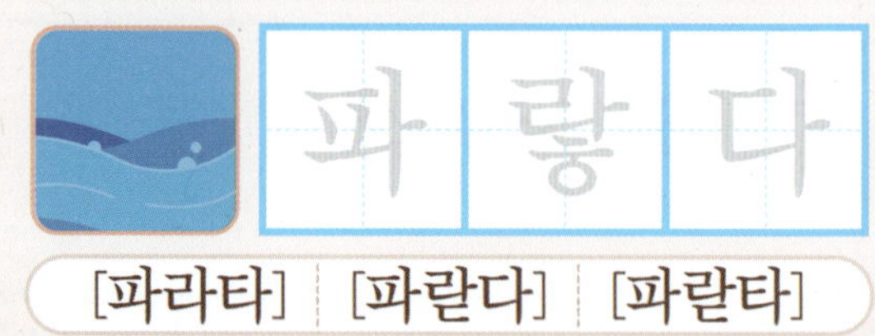
파 랗 다

[파라타] [파랄다] [파랄타]

2 그림을 보고, 바르게 쓴 낱말에는 ○표, 정확하게 읽은 것에는 ✔표 하세요.

3 불러 주는 문장을 잘 듣고, 빈칸에 들어갈 낱말을 받아쓰세요.

1 오늘은 날씨가 ☐☐ .

2 머리를 예쁘게 ☐☐ .

3 사과가 ☐☐☐ 익었어요.

4 하늘이 매우 ☐☐☐ .

5 내 방은 늘 ☐☐☐☐ .

6 새로운 교실에 들어가니 ☐☐☐☐ .

받침이 [ㅁ], [ㅂ]으로 소리 나는 말, 뒤에 오는 말에 따라 다르게 소리 나는 말이랑 놀아요

1 그림에 맞는 정확한 말을 찾아 선으로 잇고, 바르게 따라 쓰세요.

2 소리 나는 대로 적은 말을 참고해서, 글자를 순서대로 색칠해 그림에 맞는 정확한 낱말을 완성하세요.

[담따]

| 닮 | 담 | 닭 | 다 | 따 |

[업따]

| 업 | 엷 | 없 | 따 | 다 |

[삼따]

| 삶 | 삼 | 싫 | 다 | 따 |

[옴기다]

| 옴 | 옲 | 옮 | 기 | 다 |

3 정확하게 쓴 낱말과 소리 나는 대로 적은 말의 짝으로 이루어진 묶음을 찾아 ○표 하세요.

찾아라 – [차자라]
찾아라 – [차자라]
찾아라 – [차사라]

어색카다 – [어새카다]
어색하다 – [어새카다]
어색하다 – [어색카다]

피읖 – [피음]
피읖 – [피읍]
피읍 – [피읖]

깨끝하다 – [깨끗타다]
깨끗하다 – [깨끋하다]
깨끗하다 – [깨끄타다]

4 그림에 맞는 말을 정확하게 읽은 것에 ○표 하세요.

[여럿시]
[여럿이]
[여러시]

여럿이

[빨갛게]
[빨각케]
[빨가케]

빨갛게

[파라타]
[파랗다]
[파란타]

파랗다

글자와 다르게 소리 나는 말로 재미있게 놀아요

1 준수가 필통을 잃어버렸어요. 집에 오는 길에 튜브 미로에서 잠깐 놀았는데 거기에 떨어뜨린 것 같아요. 소리 나는 대로 적은 말을 참고해서 바르게 쓴 말을 따라가 준수가 필통을 찾을 수 있게 해 주세요.

2 왼쪽의 낱말 중에서 잘못 쓴 낱말을 모두 찾아 X표 하고, 오른쪽 칸에 바르게 고쳐 쓰세요.

글자와 다르게 소리 나는 말로 재미있게 놀아요

3 어디에 숨어 있을까요? 뒤죽박죽 섞여 있는 낱말들 속에서 그림에 해당하는 낱말을 모두 찾아 ○표 하세요.

   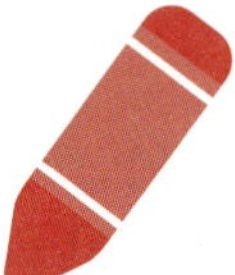 

어색카다   깨끄타다   괜찬다   어색하다   잊어버리다

어새카다   바다물   노래말   바닷물

빨갛게   이저버리다   읇다

노랫말   바단물   나무잎   을따

괜찬타   찾아라   차자라   깨끗하다

찾자라   나문닙

깨끝하다   노램말   나뭇잎   읍따

괜찮다   빨강케   잊저버리다   빨가게

3장

흉내 내는 말

: 모양을 흉내 내는 말
소리를 흉내 내는 말

18

숲속의 동물들

깡충깡충, 뒤뚱뒤뚱, 복슬복슬, 엉금엉금, 포르르, 폴짝폴짝

1 아래의 글을 읽고, **모양을 흉내 내는 말**을 바르게 따라 쓰세요. 

숲속 마을의 작은 연못가에 동물 친구들이 모두 모여 즐겁게 놀고 있어요.

토끼가  깡 충 깡 충 뛰고, 오리가

 뒤 뚱 뒤 뚱 걸어요.

거북이는  엉 금 엉 금 기어가고,

털이  복 슬 복 슬 귀여운 강아지는

꼬리를 흔들면서 달려와요. 개구리는 연못에서

 폴 짝 폴 짝 뛰어오르고, 비둘기는

 포 르 르 하늘로 날아올라요.

동물들은 각자 다른 모습으로 움직이지만, 모두 행복해 보인답니다.

2 그림에 알맞은 낱말이 되도록 순서대로 ○표 하세요.

	엉	곰	앙	감		되	똥	뒤	땅
	옹	금	엉	금		뒤	뚱	디	뚱
	풀	짝	팔	짝		복	슬	북	슬
	폴	쩍	폴	쪽		북	솔	복	실
	깡	충	깡	낑		푸	로	르	
	껑	충	총	충		포	르	루	

3 불러 주는 문장을 잘 듣고, 빈칸에 들어갈 낱말을 받아쓰세요.

1 나뭇잎이 바람에 　　　 떨려요.

2 수지가 기분이 좋아 　　　　 뛰어요.

3 캥거루가 긴 다리로 　　　　 뛰어요.

4 　　　　 기어가는 동물은 무엇일까?

5 엄마가 　　　　 털실로 목도리를 떠요.

6 아기가 펭귄처럼 　　　　 걸어요.

19

따뜻한 봄

꾸벅꾸벅, 살랑살랑, 찰랑찰랑, 파릇파릇, 활짝, 휘휘

1 아래의 글을 읽고, **모양을 흉내 내는 말**을 바르게 따라 쓰세요. 

낱말 익히기

 ## 봄의 정원으로 초대합니다!

안녕하세요! 새싹이  파 릇 파 릇

돋아나는 봄이 왔어요. 이 곳 정원은 꽃들이

 활 짝 피어서 빨강, 노랑, 분홍으로

예쁘게 물들었어요.

바람이 꽃잎들을  휘 휘 흔들면 꽃들이

 꾸 벅 꾸 벅 인사하듯 앞다투어

몸을 움직여요. 그리고  찰 랑 찰 랑

윤기 나는 머리카락을 닮은 강아지풀도 춤을 춰요.

따뜻한 바람이  살 랑 살 랑 부는

봄의 정원에서 우리 함께 만나요!

언제 : 3월 28일 토요일 오후 2시

어디서 : 우리 동네 작은 정원

2 그림을 보고, 알맞은 낱말에 ○표 하세요.

 활짝 / 휘휘 / 파릇파릇	찰랑찰랑 / 살랑살랑 / 파릇파릇

 찰랑찰랑 / 살랑살랑 / 파릇파릇

 살랑살랑 / 꾸벅꾸벅 / 파릇파릇

 휘휘 / 꾸벅꾸벅 / 살랑살랑

 활짝 / 찰랑찰랑 / 살랑살랑

 살랑살랑 / 꾸벅꾸벅 / 휘휘

3 불러 주는 문장을 잘 듣고, 빈칸에 들어갈 낱말을 받아쓰세요. 

1 코끼리가 코를 ☐☐ 저어요.

2 마당에서 고양이가 ☐☐☐☐ 졸아요.

3 냄비에 물이 ☐☐☐☐ 흔들려요.

4 아빠가 창문을 ☐☐ 열어 놓았어요.

5 나뭇가지에 잎이 ☐☐☐☐ 돋았어요.

6 강아지가 꼬리를 ☐☐☐☐ 흔들어요.

20

무더운 여름

둥실둥실, 버럭버럭, 살금살금, 화끈화끈, 휘리릭, 흔들흔들

1 친구가 쓴 일기를 읽고, **모양을 흉내 내는 말**을 바르게 따라 쓰세요. 

2026년 7월 26일 일요일

날씨 : 온몸이  화 끈 화 끈 더운 날

놀이터에서 친구들과 숨바꼭질을 했다. 그런데 날씨가

너무 더웠다. 우리는 놀이를  휘 리 릭

끝내고 나무 그늘에서 쉬었다.

 흔 들 흔 들 움직이는 나뭇잎들

사이로  둥 실 둥 실 떠가는 하얀

구름이 아주 예뻐 보였다.

오늘은 너무 더워서 친구들과 일찍 헤어져 집에 왔다.

나무 밑에서  살 금 살 금 기어가는

개미를 보고  버 럭 버 럭 소리를

지르던 준이의 모습이 자꾸 떠올라 웃음이 나온다.

2 그림에 알맞은 낱말이 되도록 순서대로 ○표 하세요.

바	락	버	락
버	럭	바	럭

화	꾼	호	끈
호	끈	화	꾼

살	굼	살	곰
실	금	설	금

둥	실	둥	살
동	설	등	실

혼	둘	흔	들
흔	들	훈	돌

후	리	룩
휘	루	릭

3 불러 주는 문장을 잘 듣고, 빈칸에 들어갈 낱말을 받아쓰세요.

1 준이가 자전거를 타고 ⬜⬜⬜ 지나갔어요.

2 아빠가 화를 ⬜⬜⬜⬜ 내요.

3 엄마가 그네를 ⬜⬜⬜⬜ 밀어 줬어요.

4 발꿈치를 들고 ⬜⬜⬜⬜ 걸어가요.

5 창피해서 얼굴이 ⬜⬜⬜⬜ 달았어요.

6 종이배가 ⬜⬜⬜⬜ 떠내려와요.

21

할머니와 가을

꼬불꼬불, 대롱대롱, 뚝, 매끈매끈, 울긋불긋, 주렁주렁

1 친구가 쓴 편지글을 읽고, **모양을 흉내 내는 말**을 바르게 따라 쓰세요. 

사랑하는 할머니께

안녕하세요, 할머니.

오늘  꼬불꼬불 오솔길을 걸어서

산에 올라갔어요.  울긋불긋 단풍이

든 나무마다 잎들을  대롱대롱

매달고 있는 모습이 너무 예뻤어요.

그리고 밤송이가  주렁주렁 달린

밤나무를 보면서 할머니 생각이 났어요. 나무에서

 뚝 떨어진 밤송이를 할머니가 까 주셨잖아요.

 매끈매끈 알밤을 까서 맛있게

먹었던 기억이 나요. 보고픈 할머니, 곧 놀러 갈게요.

- 2026년 10월 7일, 수지 올림.

2 그림을 보고, 알맞은 낱말에 ○표 하세요.

대롱대롱
뚝
울긋불긋

울긋불긋
꼬불꼬불
대롱대롱

주렁주렁
매끈매끈
꼬불꼬불

주렁주렁
울긋불긋
뚝

뚝
매끈매끈
대롱대롱

대롱대롱
꼬불꼬불
울긋불긋

3 불러 주는 문장을 잘 듣고, 빈칸에 들어갈 낱말을 받아쓰세요.

1 감나무에 감이 [   ] 달렸어요.

2 사과가 나무에서 [ ] 떨어졌어요.

3 원숭이가 나무에 [   ] 매달렸어요.

4 언니는 [   ] 색동옷을 입었어요.

5 동생은 [   ] 곱슬머리예요.

6 나는 [   ] 긴 생머리가 좋아요.

눈 오는 겨울

꽁꽁, 달달, 덩실덩실, 또박또박, 반짝반짝, 텅텅

1 친구가 쓴 동시를 읽고, **모양을 흉내 내는 말**을 바르게 따라 쓰세요. 

겨울이 왔어요

 텅 텅   빈 앞마당에

 반 짝 반 짝   하얀 눈 내리면

제일 먼저 뛰어나가

 또 박 또 박   발자국 찍어요.

커다란 눈사람 친구 만들어

 덩 실 덩 실   같이 춤추다 들어오면

엄마가  달 달 볶아 주신

콩 맛이 꿀맛이 되고

 꽁 꽁   언 손발도 다 녹아요.

2 그림에 알맞은 낱말이 되도록 순서대로 ○표 하세요.

반	짝	번	쪽
번	찍	반	짝

달	덜
덜	달

당	실	당	설
덩	살	덩	실

꿍	꽁
꽁	꿍

또	벅	또	박
뚜	박	뚜	벅

텅	통
탕	텅

3 불러 주는 문장을 잘 듣고, 빈칸에 들어갈 낱말을 받아쓰세요. 

1 호수가 ☐☐ 얼었어요.

2 내 이름을 ☐☐☐☐ 써요.

3 할머니가 고소한 깨를 ☐☐ 볶아요.

4 별들이 보석처럼 ☐☐☐☐ 빛나요.

5 방학 동안에는 학교가 ☐☐ 비어요.

6 민요 가락에 맞춰 ☐☐☐☐ 춤춰요.

1 동생을 소개하는 글을 읽고, **모양을 흉내 내는 말**을 바르게 따라 쓰세요. 

내 동생은 정말 귀여워요. 내가 학교에 갈 땐 헤어지기

싫어서 눈에 눈물이  그 렁 그 렁

맺혀요. 그리고 내가 집에 돌아오면 나를 보고 좋아서

 방 긋 웃어요.

내 동생은 놀이터에서 노는 걸 좋아해요. 걸을 때는

 사 뿐 사 뿐 걷지만, 시소를 탈 때는

오 르 락 내 리 락 잘도 타요.

내 동생은 춤도 좋아해요. 음악이 흘러나오면

 빙 글 빙 글 돌면서 춤을 춰요.

 뽀 글 뽀 글 파마머리가 휘날릴 땐

동생이 더 예뻐 보여요.

나는 내 동생이 세상에서 제일 사랑스러워요.

2 그림을 보고, 알맞은 낱말에 ○표 하세요.

방긋
사뿐사뿐
그렁그렁

그렁그렁
방긋
사뿐사뿐

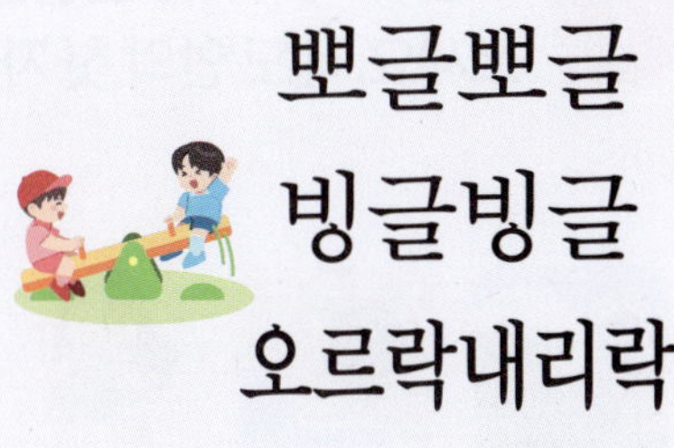
뽀글뽀글
빙글빙글
오르락내리락

뽀글뽀글
그렁그렁
빙글빙글

방긋
사뿐사뿐
그렁그렁

빙글빙글
오르락내리락
뽀글뽀글

3 불러 주는 문장을 잘 듣고, 빈칸에 들어갈 낱말을 받아쓰세요. 

1 해님이 ☐☐ 웃는 아침이에요.

2 자꾸 ☐☐☐☐ 돌면 어지러워요.

3 아이들이 계단을 ☐☐☐☐☐☐ 뛰어다녀요.

4 누나가 치마를 입고 ☐☐☐☐ 걸어요.

5 라면 모양이 ☐☐☐☐ 재미있어요.

6 슬퍼서 눈물이 ☐☐☐☐ 고여요.

모양을 흉내 내는 말이랑 놀아요

1 그림이 가리키는 낱말을 왼쪽에서 오른쪽(→), 또는 위에서 아래(↓) 방향으로 찾아 ○표 하고, 따라 쓰세요. 네모 안의 첫 자음자를 참고하면 쉬워요.

버	럭	버	럭	끙	끙	꽁	꽁	낑
바	락	바	락	사	사	낑	껑	깡
포	르	르	로	뿐	분	휘	총	충
푸	리	리	퍼	사	사	리	깡	깡
빙	빙	파	럿	뿐	분	릭	총	충
빙	방	룻	파	르	르	후	르	륵
글	글	파	랏	렁	엉	금	엉	금
빙	방	룻	조	렁	앙	금	앙	곰
글	글	주	주	렁	주	렁	대	롱

2 (　　　) 안에 알맞은 모양을 흉내 내는 말을 아래에서 찾아 문장을 완성하세요.

 뒤뚱뒤뚱 　　 활짝 　　 둥실둥실

 뽀글뽀글 　　 울긋불긋 　　 반짝반짝

1　단풍이 (　　　　　　　) 물들었어요.

2　구두가 (　　　　　　　) 빛나요.

3　펭귄은 (　　　　　　　) 걸어요.

4　풍선이 (　　　　　　　) 떠가요.

5　양털이 (　　　　　　　) 말려 있어요.

6　어깨를 (　　　　　　　) 펴요.

3 그림에 맞는 낱말을 찾아 ○표 하세요.

폴짝폴짝
사뿐사뿐

흔들흔들
오르락내리락

매끈매끈
대롱대롱

살랑살랑
꼬불꼬불

살금살금
덩실덩실

꾸벅꾸벅
복슬복슬

24

동물원의 동물들

맴맴, 삐악삐악, 야옹, 어흥, 윙윙, 으르렁

1 친구가 쓴 일기를 읽고, **소리를 흉내 내는 말**을 바르게 따라 쓰세요. 

늘말 익히기

2026년 8월 15일 토요일 | 날씨 : 해님이 환하게 웃어 준 날

오늘 엄마, 아빠와 동물원에 갔다. 나무에서는 매미가

 맴 맴 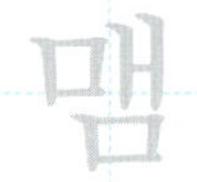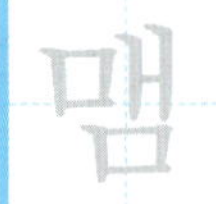 울었고, 예쁜 꽃들 주위에는 꿀벌이

 윙 윙  날아다녔다. 우리는 제일 먼저, 엄마

닭을 따라다니며  삐 악 삐 악  우는

병아리를 보았다. 너무 귀여웠다. 호랑이를 보러 갔을

땐 호랑이가 갑자기 "  어 흥  !" 하고

울어서 많이 놀랐다. 그리고 사자우리에 갔을 땐

사자가  으 르 렁  소리를 내며 쳐다봐서

무서웠다. 아기 사자도 한 마리 있었는데 고양이처럼

생겼고,  야 옹 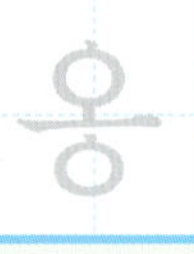 소리를 내며 울었다. 아기

사자는 우리 집에 데려와서 키우고 싶다.

2 그림에 알맞은 낱말이 되도록 순서대로 ○표 하세요.

	야	웅			오	루	렁
	아	옹			으	르	릉
	아	훙			멤	맴	
	어	흥			맴	맘	
	윙	웡			삐	익	빼	악
	웅	잉			빠	악	삐	약

3 불러 주는 문장을 잘 듣고, 빈칸에 들어갈 낱말을 받아쓰세요. 

1 강아지는 멍멍, 고양이는 ☐☐ .

2 개가 ☐☐☐ 짖고 있어요. 

3 사자가 " ☐☐ !" 하고 울어요. 

4 바람이 ☐☐ 소리를 내며 불어요. 

5 병아리가 ☐☐☐☐ 노래를 해요. 

6 매미가 시끄럽게 ☐☐ 울어요. 

25

변덕스러운 날씨

쌩쌩, 와장창, 우르릉 쾅쾅, 찌지직, 콩닥콩닥, 후드득

1 아래의 글을 읽고, **소리를 흉내 내는 말**을 바르게 따라 쓰세요.

장마철이 되면 날씨는 변덕쟁이가 돼요.

차를 타고 나들이를 가는 날, 맑았던 하늘이 갑자기

어두워져요.  우 르 릉 　 쾅 쾅

소리를 내며 천둥이 치고,  쌩 쌩 달리는

차 위로 빗방울이  후 드 득 떨어지기도

해요. 그런 데다 바람이 요란한 소리를 내며 휘몰아치면

유리창이  와 장 창 깨질까 봐 가슴이

 콩 닥 콩 닥 뛰어요. 그리고 가끔은

 찌 지 직 소리가 나면서 번개가 치기도

해요. 그러다가 금방 다시 하늘이 맑아지지요.

장마철에는 이렇게 날씨가 자주 바뀌어요.

2 그림을 보고, 알맞은 낱말에 ○표 하세요.

쌩쌩
콩닥콩닥
와장창

후드득
콩닥콩닥
우르릉 쾅쾅

쌩쌩
찌지직
와장창

쌩쌩
와장창
찌지직

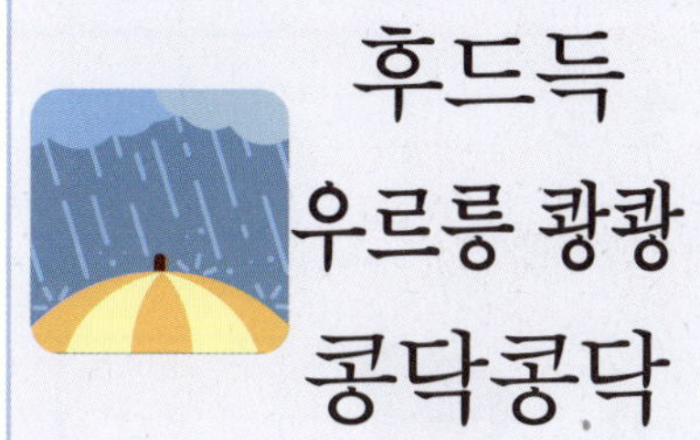
후드득
우르릉 쾅쾅
콩닥콩닥

찌지직
후드득
콩닥콩닥

3 불러 주는 문장을 잘 듣고, 빈칸에 들어갈 낱말을 받아쓰세요. 

1 아저씨가 자전거를 타고 ⬚⬚ 달려요.

2 굵은 빗방울이 ⬚⬚⬚ 떨어져요.

3 내가 만든 성이 ⬚⬚⬚ 무너졌어요.

4 떡방아 소리가 ⬚⬚⬚⬚ 들려요.

5 라디오에서 ⬚⬚⬚ 소리가 나요.

6 " ⬚⬚⬚⬚⬚ !" 하고
화산이 폭발했어요.

라면을 맛있게 끓이는 방법
꼴깍꼴깍, 보글보글, 째깍째깍, 쨍그랑, 컥컥, 탈탈

1 아래의 글을 읽고, **소리를 흉내 내는 말**을 바르게 따라 쓰세요. 

냄비의 물이  보글보글 끓으면

라면과 스프를  탈탈 털어 넣어요. 뜨거운

김 때문에 갑자기  컥컥 기침이 나올 수

있으니 조심하세요. 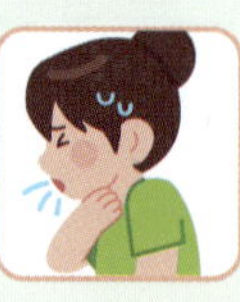 째깍째깍

시계 소리를 들으면서 젓가락으로 면을 저으며 4분

동안 끓여요. 마지막으로 계란을 하나 깨서 넣어요.

 꼴깍꼴깍 침을 삼킬 만큼 맛있는

냄새가 나면 완성!

그릇끼리  쨍그랑 부딪쳐 소리 나지

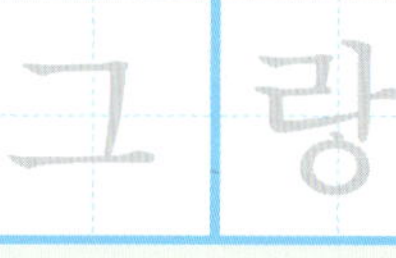

않게 조심하면서 라면을 그릇에 옮겨 담아요. 완성된

라면을 입으로 불어 가며 맛있게 먹어요.

2 그림에 알맞은 낱말이 되도록 순서대로 ○표 하세요.

킥	칵
컥	컥

보	글	브	글
부	굴	보	골

털	탈
탈	틸

째	깍	쩨	깍
째	꺅	째	꺽

짱	구	랑
쨍	그	링

꼴	껵	끌	깍
꿀	깍	꼴	꺅

3 불러 주는 문장을 잘 듣고, 빈칸에 들어갈 낱말을 받아쓰세요. 

1 거울이 ⬚⬚⬚ 깨졌어요.

2 찌개가 ⬚⬚⬚⬚ 끓고 있어요.

3 신발에 묻은 흙을 ⬚⬚ 털어요.

4 동생이 우유를 ⬚⬚⬚⬚ 마셔요.

5 고양이가 숨이 막혀 ⬚⬚ 소리를 내요.

6 시계가 ⬚⬚⬚⬚ 소리를 내요.

시끌벅적한 놀이터
낑낑, 스르륵, 씽씽, 재잘재잘, 쿵쾅쿵쾅, 툭

1 친구가 쓴 일기를 읽고, **소리를 흉내 내는 말**을 바르게 따라 쓰세요. 

받아쓰기 익히기

2026년 9월 12일 토요일 | 날씨 : 해와 구름이 만난 날

아빠, 동생과 놀이터에 갔다. 동생은 미끄럼틀을

보자마자  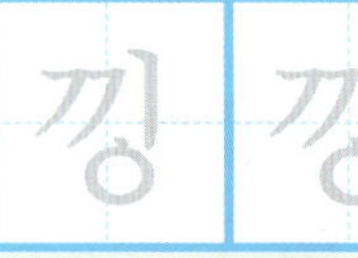 낑 낑 소리를 내며 올라갔다.

동생이 미끄럼틀에서  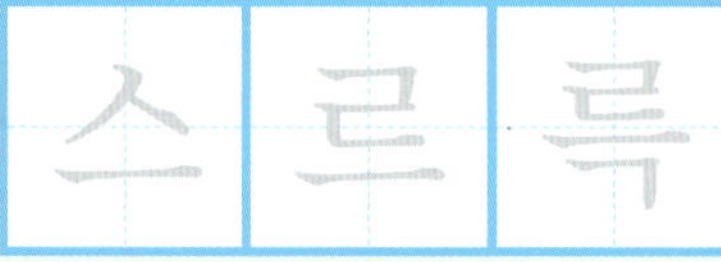 스 르 륵

미끄러져 내려올 때는 무척 신나 보였다.

나는 바람을   씽 씽  가르며 그네를 탔다.

높이높이 올라갈 때마다 기분이 좋았다.

조금 있다가 친구들이   재 잘 재 잘  

이야기를 나누며 내 옆으로 왔다. 나는 그네에서

  툭 뛰어내려 친구들과 같이 놀았다. 우리는

짝을 맞춰 시소를 탔다.   쿵 쾅 쿵 쾅  

위아래로 움직이니까 너무 재미있었다.

2 그림을 보고, 알맞은 낱말에 ○표 하세요.

씽씽
스르륵
낑낑

툭
재잘재잘
쿵쾅쿵쾅

씽씽
스르륵
낑낑

씽씽
스르륵
낑낑

낑낑
툭
쿵쾅쿵쾅

재잘재잘
툭
쿵쾅쿵쾅

3 불러 주는 문장을 잘 듣고, 빈칸에 들어갈 낱말을 받아쓰세요. 

1 자동문이 [ ][ ][ ] 열렸어요.

2 새들이 [ ][ ][ ][ ] 노래해요.

3 겨울바람이 [ ][ ] 불어요.

4 나뭇가지가 바닥에 [ ] 떨어졌어요.

5 배고픈 강아지가 [ ][ ] 소리를 내요.

6 형이 [ ][ ][ ][ ] 계단을 올라가요.

28

재미있는 여름 방학

까르르, 깔깔, 바스락, 소곤소곤, 첨벙첨벙, 퐁당

1 아래의 글을 읽고, **소리를 흉내 내는 말**을 바르게 따라 쓰세요. 

저는 여름 방학에 할머니 댁에 다녀왔는데 재미있는

일들이 참 많았어요. 친척 형, 동생들과 밤에 안 자고

 소곤소곤 이야기를 나눈 일, 과자

봉지를 몰래 뜯다가  바스락 소리

때문에 형한테 들킨 일까지 다 재미있었어요.

가장 재미있었던 건 물놀이였어요. 형이 개울물에

 퐁당 뛰어들면  까르르

웃으며 따라 들어갔어요.  첨벙첨벙

물장구치며 노는 게 너무 재미있어서 하루 종일

 깔깔 웃었어요.

다시 생각해도 즐거웠던 그때가 너무 그리워요.

정답 168쪽

2 낱말 친해지기

그림에 알맞은 낱말이 되도록 순서대로 ○표 하세요.

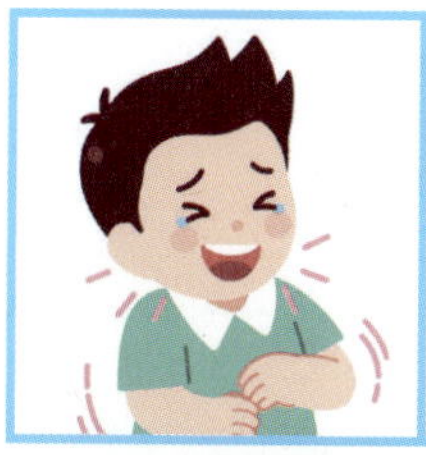

낄	깔
깔	껄

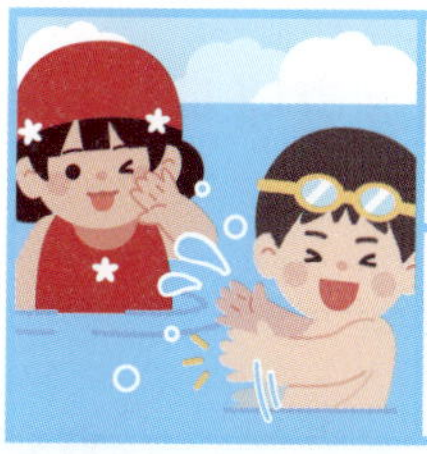

참	벙	첨	범
첨	방	청	벙

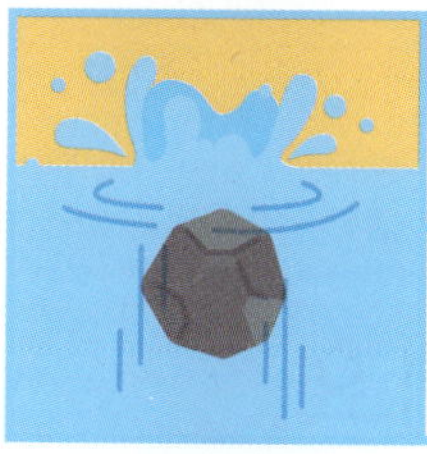

퐁	딩
풍	당

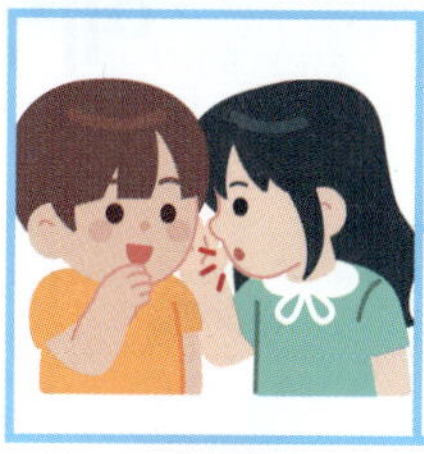

소	곤	스	군
수	근	소	곤

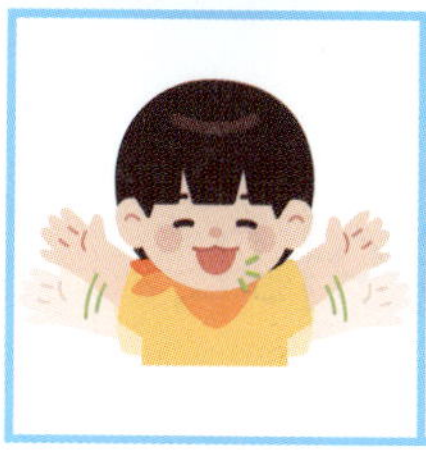

꺄	루	르
까	르	리

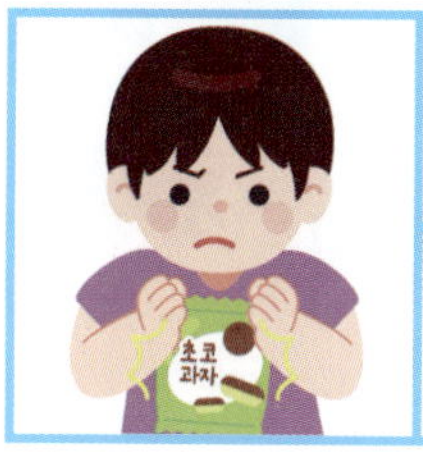

바	스	럭
버	수	락

3 낱말 받아쓰기

불러 주는 문장을 잘 듣고, 빈칸에 들어갈 낱말을 받아쓰세요.

1 개구리가 연못에 [ ][ ] 빠졌어요.

2 낙엽을 밟으면 [ ][ ][ ] 소리가 나요.

3 친구가 나를 보고 [ ][ ] 웃어요.

4 계곡에서 [ ][ ][ ][ ] 물놀이를 해요.

5 동생이 [ ][ ][ ] 웃고 있어요.

6 도서관에서는 [ ][ ][ ][ ] 말해야 해요.

29

무서운 예방 주사

엉엉, 잉잉, 톡, 펑펑, 훌쩍, 흑흑

1 친구가 쓴 동시를 읽고, **소리를 흉내 내는 말**을 바르게 따라 쓰세요. 

예방 주사

주사 맞기 싫어서  잉 잉  울어요.

아플까 봐 무서워서 엉 엉 울어요.

팔 내밀고 눈 감고서  흑 흑   울다가,

주삿바늘 "  톡 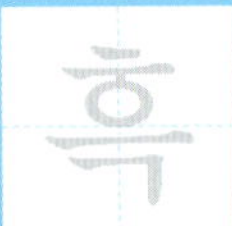  !" 하고 팔에 닿으면

동네 떠나가라  펑 펑  울어요.

다 맞고 나서 엄마 얼굴 쳐다보다가,

어? 생각보다 안 아프네!

눈물 콧물 그치고서 한 번 더    훌 쩍  .

2 그림을 보고, 알맞은 낱말에 ○표 하세요.

훌쩍
펑펑
톡

잉잉
훌쩍
톡

흑흑
펑펑
엉엉

흑흑
톡
엉엉

펑펑
잉잉
훌쩍

엉엉
잉잉
펑펑

3 불러 주는 문장을 잘 듣고, 빈칸에 들어갈 낱말을 받아쓰세요. 

1 엄마가 내 어깨를 　　　 쳤어요.

2 흐르는 콧물을 　　　 들이마셔요.

3 아기가 　　　 울고 있어요.

4 누나가 　　　 소리 내며 울어요.

5 친구가 전학을 가서 　　　 울었어요.

6 동생이 떼를 쓰며 　　　 울어요.

소리를 흉내 내는 말이랑 놀아요

1 아래의 글을 읽고, 소리를 흉내 내는 말을 모두 찾아서 ○표 하세요.

신나는 운동회

오늘은 우리 학교 운동회 날이다. 나는 째깍째깍 시계 소리를 듣고 일찍 일어났다.

학교 운동장에 도착하니 북소리가 쿵쾅쿵쾅 요란하게 들렸다. 청군과 백군의 응원 소리가 꼭 호랑이가 "으르렁!" 하고 우는 것 같았다.

이어달리기를 할 때 소곤소곤 작전 회의를 하며 기다리다 내 차례가 되니 심장이 콩닥콩닥 뛰었다. 나는 바통을 받고 출발하다 앞사람의 발에 툭 걸려 그만 넘어지고 말았다. 하지만 나는 포기하지 않고 일어나서 끝까지 달렸다.

나중에 들으니 내가 넘어진 걸 보고 동생이 엉엉 울었다고 한다. 그래서 동생에게 나는 괜찮다고 했다.

비록 우리 팀이 이기지는 못했지만 정말 신나는 하루였다.

2 (   ) 안에 알맞은 소리를 흉내 내는 말을 아래에서 찾아 문장을 완성하세요.

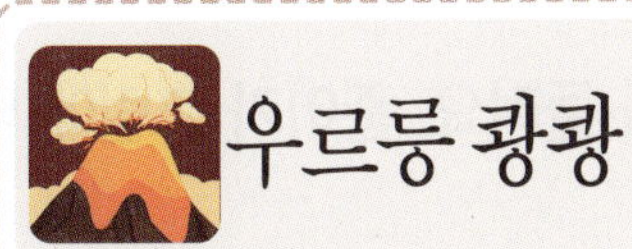 우르릉 쾅쾅

 쨍그랑

 탈탈

 후드득

 재잘재잘

 첨벙첨벙

1 천둥이 (   ) 쳐요.

2 접시가 (   ) 깨졌어요.

3 콩이 (   ) 떨어져요.

4 아이들이 (   ) 떠들어요.

5 오리가 (   ) 헤엄쳐요.

6 먼지를 (   ) 털어요.

3 그림에 맞는 낱말을 찾아 ○표 하세요.

맴맴
야옹

보글보글
찌지직

펑펑
와장창

꼴깍꼴깍
깔깔

낑낑
스르륵

흑흑
까르르

흉내 내는 말로 재미있게 놀아요

1 준이가 공원에서 킥보드를 타는데 어디선가 자꾸 야옹 소리가 들려요. 준이가 그림에 맞는 낱말을 따라가 고양이들을 만날 수 있게 해 주세요.

2 흉내 내는 말을 알맞게 이어서 문장을 완성하세요.

심장이 •	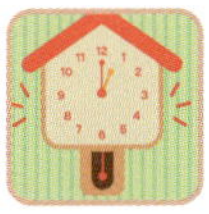  째깍째깍 •	• 달렸어요.
찌개가 •	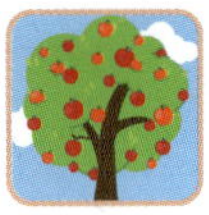 주렁주렁 •	• 끓어요.
사과가 •	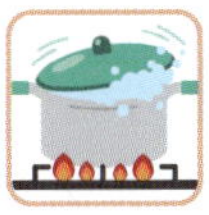 보글보글 •	• 뛰어요.
시계가 •	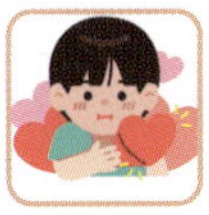 콩닥콩닥 •	• 돌아가요.
새싹이 •	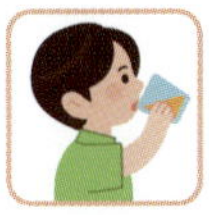 꼴깍꼴깍 •	• 마셔요.
동생이 •	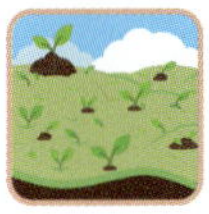 파릇파릇 •	• 춤춰요.
우유를 •	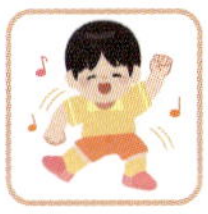 덩실덩실 •	• 돋았어요.

3 모양을 흉내 내는 말에는 ○표, 소리를 흉내 내는 말에는 △표 하세요.

> 깔깔   꾸벅꾸벅   꽁꽁   낑낑
>
> 대롱대롱   방긋   버럭버럭   복슬복슬
>
> 빙글빙글   삐악삐악   야옹   윙윙
>
> 퐁당   화끈화끈   후드득   흑흑

흉내 내는 말로 재미있게 놀아요

4 [보기]의 그림을 참고하여, 낱말 퍼즐판을 완성하세요.

가로 보기

1 2 3 4
5 6 7 8

세로 보기

9 10 11 12
13 14 15

			9						10
1 살 11			금			2		르	
		3							
					4			콩	
			12						
			5 그						
6	랑						13		
				14					
15			7	르			락		
8 휘									

4장

기분을 나타내는 말

30

사랑하는 우리 가족

감사해요, 뭉클해요, 보고 싶어요, 사랑해요, 즐거워요, 행복해요

1 아래의 글을 읽고, **기분을 나타내는 말**을 바르게 따라 쓰세요.

우리 가족은 엄마, 아빠, 언니, 동생 그리고 나까지 모두 다섯 명이에요. 모두 모여 다 같이 웃고 있으면 무척  행복해요.

언제나 우리를 따뜻하게 보살펴 주시는 부모님께  감사해요. 내가 아팠을 때 두 분이 밤새워 나를 걱정해 주셨던 일을 떠올리면 가슴이  뭉클해요. 그리고 언니, 동생과 함께 있으면 정말 즐거워요.

나는 우리 가족을  사랑해요. 한 명이라도 안 보이면 너무  보고 싶어요.

2 

상황에 어울리는 기분을 나타내는 말을 찾아 선으로 이으세요.

할머니 이마의 깊은 주름을 보면 ●	● 즐거워요
우리를 가르쳐 주시는 선생님께 ●	● 행복해요
할아버지를 오랫동안 못 뵈면 ●	● 감사해요
친구들과 놀 때 ●	● 뭉클해요
가족이 모두 건강하면 ●	● 보고 싶어요

3 불러 주는 문장을 잘 듣고, 빈칸에 들어갈 낱말을 받아쓰세요.

1 엄마는 나를 무척 ＿＿＿＿ .

2 체육 시간은 언제나 ＿＿＿＿ .

3 나를 낳아 주신 부모님께 ＿＿＿＿ .

4 전학 간 친구가 ＿＿＿＿＿＿ .

5 나는 친구들이 많아서 ＿＿＿＿ .

6 아빠의 편지를 읽으니 ＿＿＿＿ .

31

상쾌한 아침
놀라워요, 못마땅해요, 불편해요, 상쾌해요, 조마조마해요, 힘들어요

1 아래의 글을 읽고, **기분을 나타내는 말**을 바르게 따라 쓰세요. 

내가 아침에 이렇게 일찍 일어났다는 사실이 정말

 놀라워요. 일찍 일어나니 기분이

아주  상쾌해요.  엄마가 해 주신

아침밥을 맛있게 먹어요. 그런데 오늘따라 반찬 투정을

하는 동생이  못마땅해요.

학교에 갈 시간이에요. 새 신발을 신었더니 발이 조금

 불편해요. 책가방도 무거워서

학교까지 걸어가기가  힘들어요.

그래서 느릿느릿 가다가 학교에 늦을까 봐 마음이

 조마조마해요.

2 상황에 어울리는 기분을 나타내는 말을 오른쪽에서 찾아 ○표 하세요.

내가 받아쓰기 100점을 맞다니	놀라워요 | 못마땅해요
우리 편이 질까 봐	놀라워요 | 조마조마해요
무거운 것을 혼자서 들면	힘들어요 | 조마조마해요
시원한 바람이 불면	상쾌해요 | 불편해요
의자가 딱딱해서	불편해요 | 상쾌해요

3 불러 주는 문장을 잘 듣고, 빈칸에 들어갈 낱말을 받아쓰세요.

1 운동을 하고 나면 몸이 ☐☐☐☐ .

2 친구의 축구 실력이 정말 ☐☐☐☐ .

3 약속을 어긴 친구가 ☐☐☐☐☐ .

4 높은 언덕을 오르려니 ☐☐☐☐ .

5 치마를 입었더니 달리기가 ☐☐☐☐ .

6 버스를 놓칠까 봐 ☐☐☐☐☐☐ .

32

설레는 등굣길

기뻐요, 당황스러워요, 떨려요, 반가워요, 신나요, 어색해요

1 아래의 글을 읽고, **기분을 나타내는 말**을 바르게 따라 쓰세요. 

오늘은 1학년 첫날이에요. 내가 드디어 초등학교에 가게 되다니 정말 신나요. 그런데 엄마가 학교에 갈 땐 씩씩하게 혼자서 가는 거라고 해서 당황스러워요.

막상 혼자 걸어가려니 조금  떨려요. 학교 가는 길에 유치원 친구 수아를 만나서 너무  반가워요. 수아와 함께 나란히 학교에 걸어가요.

우리 반 교실에 들어가니 모르는 친구들이 많아  어색해요. 그래도 수아와 같은 반이 되어서 정말  기뻐요.

2 

상황에 어울리는 기분을 나타내는 말을 찾아 선으로 이으세요.

친한 친구를 만나면 ●	● 어색해요
생일 선물을 받아서 ●	● 기뻐요
친구들 앞에서 발표할 때 ●	● 반가워요
모르는 사람을 만나면 ●	● 신나요
놀이공원에서 회전목마를 타니 ●	● 떨려요

3

불러 주는 문장을 잘 듣고, 빈칸에 들어갈 낱말을 받아쓰세요.

1 오늘부터 방학이어서 ☐☐☐ .

2 새로운 장난감이 생겨서 ☐☐☐ .

3 낯선 사람이 많으면 ☐☐☐☐ .

4 높은 곳에 올라가면 ☐☐☐ .

5 오랜만에 할머니를 뵈어서 ☐☐☐☐ .

6 친구가 울어서 ☐☐☐☐☐ .

33 떨리는 수업 시간

걱정돼요, 겁나요, 답답해요, 뿌듯해요, 샘나요, 얄미워요

1 아래의 글을 읽고, **기분을 나타내는 말**을 바르게 따라 쓰세요. 

내가 쓴 시를 발표하는 국어 시간인데, 앞에 나가서

말하려니 겁 나 요 . 목소리가 떨릴까 봐

 걱 정 돼 요 . 먼저 발표한 친구가

너무 잘해서 조금  샘 나 요 .

내 차례가 되어서 발표를 하고 나니 선생님이

"잘했어요!" 하고 칭찬을 해 주셨어요. 그 말을 들으니

정말 뿌 듯 해 요 .

다른 친구들이 발표할 때 뒤에 앉은 친구가 자꾸만

떠들어요. 나는 친구들의 발표에 집중을 할 수 없어서

 답 답 해 요 . 그래서 떠드는 친구가

얄 미 워 요 .

2 상황에 어울리는 기분을 나타내는 말을 오른쪽에서 찾아 ○표 하세요.

소리가 잘 안 들리면	답답해요 | 뿌듯해요
예방 주사를 맞을 때	얄미워요 | 겁나요
달리기에서 일 등을 해서	걱정돼요 | 뿌듯해요
새치기하는 친구를 보면	샘나요 | 얄미워요
친구가 넘어져서	걱정돼요 | 답답해요

3 불러 주는 문장을 잘 듣고, 빈칸에 들어갈 낱말을 받아쓰세요.

1 글씨를 예쁘게 쓰고 나니 ☐☐☐☐.

2 비가 많이 와서 ☐☐☐☐.

3 길에서 큰 개를 만나면 ☐☐☐.

4 오빠가 자꾸 장난을 쳐서 ☐☐☐☐.

5 언니만 칭찬을 받아서 ☐☐☐.

6 마스크를 쓰고 있으면 ☐☐☐☐.

기분을 나타내는 말이랑 놀아요

1 그림이 가리키는 낱말을 왼쪽에서 오른쪽(→), 또는 위에서 아래(↓) 방향으로 찾아 ○표 하고, 따라 쓰세요. 네모 안의 첫 자음자를 참고하면 쉬워요.

즐	거	우	뭉	클	해	요	블	불
즐	줄	얄	알	글	뭉	글	변	편
거	기	미	마	반	반	신	산	해
워	어	워	와	가	카	나	니	요
요	오	요	야	워	우	요	워	호
겹	즐	뭉	겹	요	요	상	괘	하
겹	갑	기	얄	미	상	쾌	해	요
나	너	기	뻐	요	격	정	되	유
요	이	가	빠	요	격	정	돼	요

2 (   ) 안에 알맞은 기분을 나타내는 말을 아래에서 찾아 문장을 완성하세요.

 뿌듯해요    떨려요   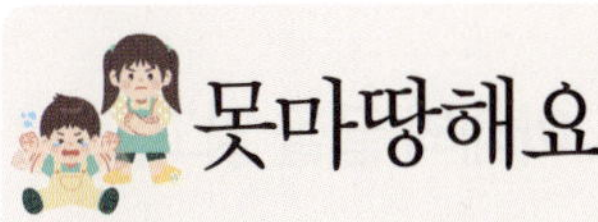 못마땅해요

 감사해요    답답해요   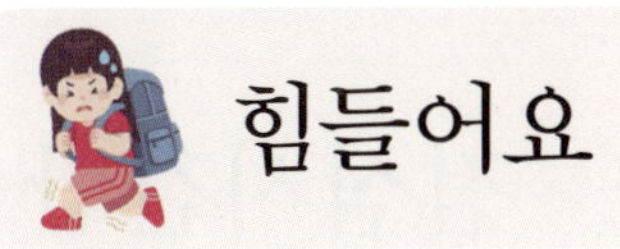 힘들어요

1   친구들 앞에서 노래할 때 (   ).

2   동생이 내 물건을 만질 때 (   ).

3   삼촌이 용돈을 주실 때 (   ).

4   숙제를 다 끝냈을 때 (   ).

5   높은 계단을 오를 때 (   ).

6   수학 문제가 안 풀릴 때 (   ).

3 그림에 맞는 낱말을 찾아 ○표 하세요.

사랑해요
어색해요

신나요
샘나요

반가워요
어색해요

당황스러워요
조마조마해요

놀라워요
보고 싶어요

행복해요
불편해요

고마워요, 궁금해요, 수상해요, 신기해요, 탐나요, 후회스러워요

1 아래의 글을 읽고, **기분을 나타내는 말**을 바르게 따라 쓰세요. 

점심시간만 되면 배에서 꼬르륵 소리가 나는 게 참

 신기해요 . 줄을 맞춰 급식실로 갈

때는 오늘 메뉴가  궁금해요 .

나는 분명 세 번째로 줄을 섰는데, 어느새 네 번째가

되어 있어요. 아무래도 누가 새치기를 한 것 같아요.

내 앞에 있는 준이가  수상해요 .

밥을 먹다 보니 제일 맛있는 돈가스를 한 개만 받아

온 게  후회스러워요 . 수아가

안 먹고 남긴 돈가스가  탐나요 .

내 마음을 알았는지 수아가 돈가스를 건네줘서

 고마워요 .

2  상황에 어울리는 기분을 나타내는 말을 찾아 선으로 이으세요.

거짓말을 하고 나면 ●	● 수상해요
1번의 정답이 무엇일지 ●	● 고마워요
나를 보자마자 숨는 동생이 ●	● 후회스러워요
마술 쇼를 보고 있으면 ●	● 궁금해요
친구의 도움을 받으면 ●	● 신기해요

3 불러 주는 문장을 잘 듣고, 빈칸에 들어갈 낱말을 받아쓰세요.

1 언니의 예쁜 가방이

2 내일 날씨가 어떨지

3 얼음이 물로 변하는 것이

4 갑자기 친절한 오빠가 어쩐지

5 친구가 연필을 빌려줘서

6 동생에게 화를 낸 게

무서워요, 미안해요, 부러워요, 속상해요, 시시해요, 웃겨요

1 아래의 글을 읽고, **기분을 나타내는 말**을 바르게 따라 쓰세요. 

학교 끝나고 집에 가는데 비가 와서 우산을 썼어요.

내 우산은 검은색인데 친구의 우산에는 예쁜 캐릭터가

그려져 있어서  부 러 워 요 .

바람이 점점 세게 불어요. 나는 우산이 날아갈까 봐

무 서 워 요 . 앞에서 걷던 지호의

우산이 뒤집어져서 너무  웃 겨 요 .

이번에는 내 우산이 뒤집어지고 옷이 다 젖어서

속 상 해 요 . 지호를 보고 웃은 게

 미 안 해 요 .

집에 도착하기 전에 비가 그쳤어요. 비가 많이 올 줄

알았는데 금방 그치니  시 시 해 요 .

2 늘품 친해지기

상황에 어울리는 기분을 나타내는 말을 오른쪽에서 찾아 ○표 하세요.

친구가 만든 성을 무너뜨려서	 미안해요 | 시시해요
아빠가 이상한 얼굴을 하면	웃겨요 | 부러워요
장난감이 망가져서	무서워요 | 속상해요
밤에 혼자 집에 있으면	무서워요 | 미안해요
자전거를 잘 타는 친구가	속상해요 | 부러워요

3 늘품 받아쓰기

불러 주는 문장을 잘 듣고, 빈칸에 들어갈 낱말을 받아쓰세요.

1 키가 큰 형이 ＿＿＿＿ .

2 큰 개가 따라오면 ＿＿＿＿ .

3 이 동화책 내용은 너무 ＿＿＿＿ .

4 오늘 친구와 싸워서 ＿＿＿＿ .

5 우리 반에서 민수가 제일 ＿＿＿ .

6 친구를 오래 기다리게 해서 ＿＿＿＿ .

재미있는 책 읽기

두려워요, 슬퍼요, 심심해요, 재미있어요, 지루해요, 화나요

1 아래의 글을 읽고, **기분을 나타내는 말**을 바르게 따라 쓰세요. 

숙제를 다 하고 나니  심심해요.

엄마는 책을 읽으라고 하는데, 글자가 많은 책은 읽기에

너무  지루해요. 그래서 나는 짧은

전래동화 "해님 달님"을 읽기로 했어요.

호랑이가 약속을 어기고 어머니를 잡아먹는 장면에서

는 정말  화나요. 이제 오누이에게는

어머니가 없다고 생각하니  슬퍼요.

호랑이가 집 앞까지 찾아오자 용감한 오누이는

" 두려워요." 라고 말하는 대신

침착하게 행동해요. 오누이가 호랑이를 속이고

위기에서 벗어나 해와 달이 되는 마지막 장면은 아주

 재미있어요.

2  상황에 어울리는 기분을 나타내는 말을 찾아 선으로 이으세요.

하루 종일 혼자 있으면 ●	● 재미있어요
같은 책만 계속 읽으니 ●	● 화나요
친구들과 게임을 하면 ●	● 심심해요
오빠가 자꾸 놀려서 ●	● 슬퍼요
우리 집 강아지가 아파서 ●	● 지루해요

3 불러 주는 문장을 잘 듣고, 빈칸에 들어갈 낱말을 받아쓰세요.

1 친구가 전학을 가서 　　　.

2 같이 놀 사람이 없어서 　　　.

3 차를 오래 타니 　　　.

4 친구가 약속을 안 지켜서 　　　.

5 엄마와 요리를 하면 　　　.

6 내일 늦잠을 잘까 봐 　　　.

편안한 잠자리

개운해요, 괜찮아요, 귀찮아요, 졸려요, 편해요, 피곤해요

1 아래의 글을 읽고, **기분을 나타내는 말**을 바르게 따라 쓰세요. 

낱말 익히기

오늘 소풍을 다녀와 너무  피곤해요 .

엄마가 목욕부터 하라고 자꾸 말하는데 나는 씻는 게

너무  귀찮아요 . 하지만 따뜻한

물에 들어가니 생각보다  괜찮아요 .

비누로 쓱쓱 문지르고 깨끗이 헹구고 나니 온몸이

 개운해요 . 잠옷으로 갈아입고

침대에 누우면 정말  편해요 . 포근한

이불을 덮으니 금방  졸려요 .

아무래도 오늘은 좋은 꿈을 꿀 것만 같아요.

2 상황에 어울리는 기분을 나타내는 말을 오른쪽에서 찾아 ○표 하세요.

비가 와도 우산이 있으니	괜찮아요 | 귀찮아요
점심을 배부르게 먹고 나면	개운해요 | 졸려요
운동을 많이 했더니	피곤해요 | 편해요
내 방을 청소하기가	귀찮아요 | 괜찮아요
잠을 잘 자고 일어나면	졸려요 | 개운해요

3 불러 주는 문장을 잘 듣고, 빈칸에 들어갈 낱말을 받아쓰세요.

1 캄캄한 밤이 되니 　　　　　.

2 양치를 했더니 입 안이 　　　　　.

3 오늘은 많이 놀아도 　　　　　.

4 운동화를 신으면 걷기가 　　　　　.

5 신발 끈을 매는 게 　　　　　.

6 오늘은 일찍 일어나서 　　　　　.

기분을 나타내는 말이랑 놀아요

1 낱말의 순서에 맞게 그림을 따라가 만나는 낱말에 ○표 하세요.

두려워요 → 괜찮아요 → 고마워요 → 심심해요 → 개운해요
→ 궁금해요 → 피곤해요 → 탐나요 → 미안해요

2 (   ) 안에 알맞은 기분을 나타내는 말을 아래에서 찾아 문장을 완성하세요.

 화나요

 속상해요

 지루해요

 부러워요

 웃겨요

 무서워요

1 동생이 아파서 울 때 (   ).

2 친구가 노래를 잘 부를 때 (   ).

3 동생이 내 책을 찢었을 때 (   ).

4 천둥이 크게 칠 때 (   ).

5 아빠가 이상한 춤을 출 때 (   ).

6 재미없는 책을 읽을 때 (   ).

3 그림에 맞는 낱말을 찾아 ○표 하세요.

 편해요 / 피곤해요

 졸려요 / 개운해요

 웃겨요 / 슬퍼요

 재미있어요 / 시시해요

 궁금해요 / 귀찮아요

 수상해요 / 후회스러워요

기분을 나타내는 말로 재미있게 놀아요

1 하필 수지가 새 신발을 신고 학교에 간 날 비가 왔어요. 집에 가는 동안 수지의 신발이 젖으면 너무 속상하겠죠. 그림에 맞는 낱말을 따라가 수지가 물웅덩이에 빠지지 않고 집에 갈 수 있게 해 주세요.

2 좋은 기분을 나타내는 말이 적혀 있는 칸을 모두 찾아 색칠하세요. 어떤 자음이 숨어 있을까요?

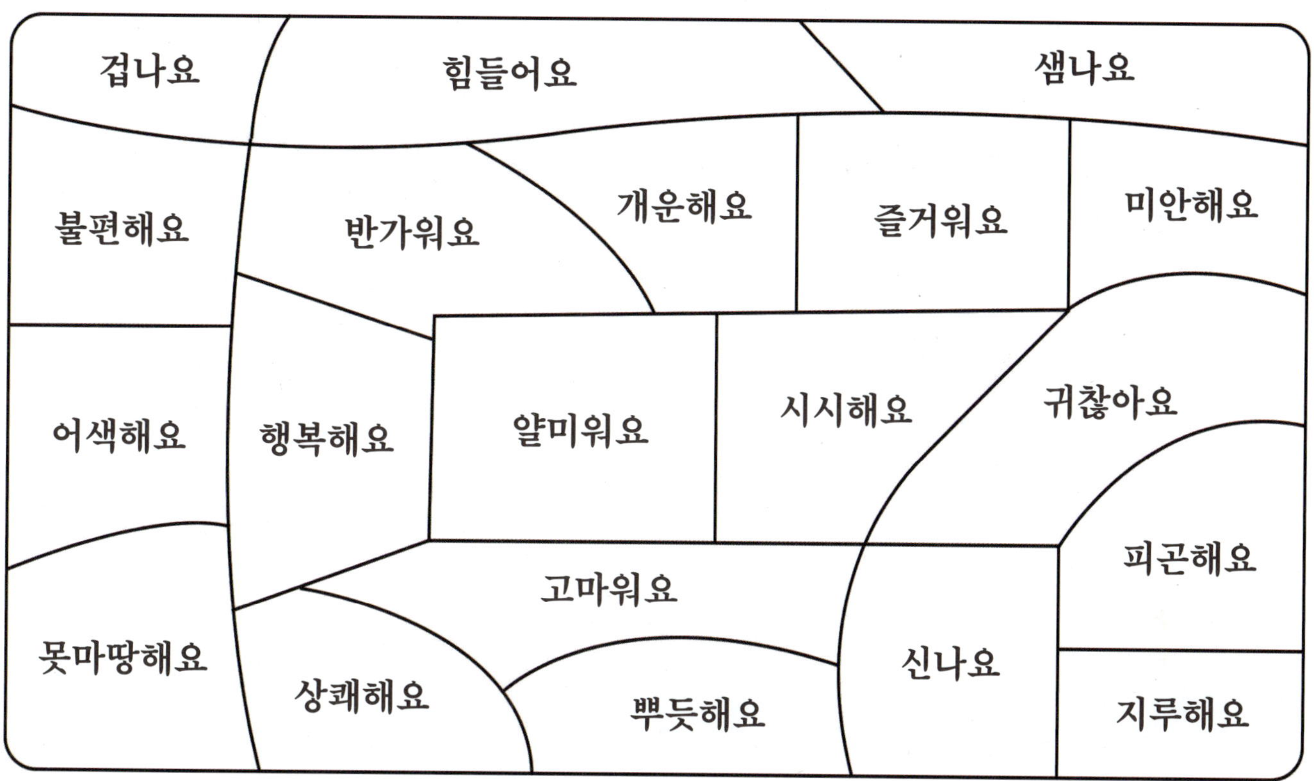

3 안 좋은 기분을 나타내는 말이 적혀 있는 칸을 모두 찾아 색칠하세요. 어떤 모음이 숨어 있을까요?

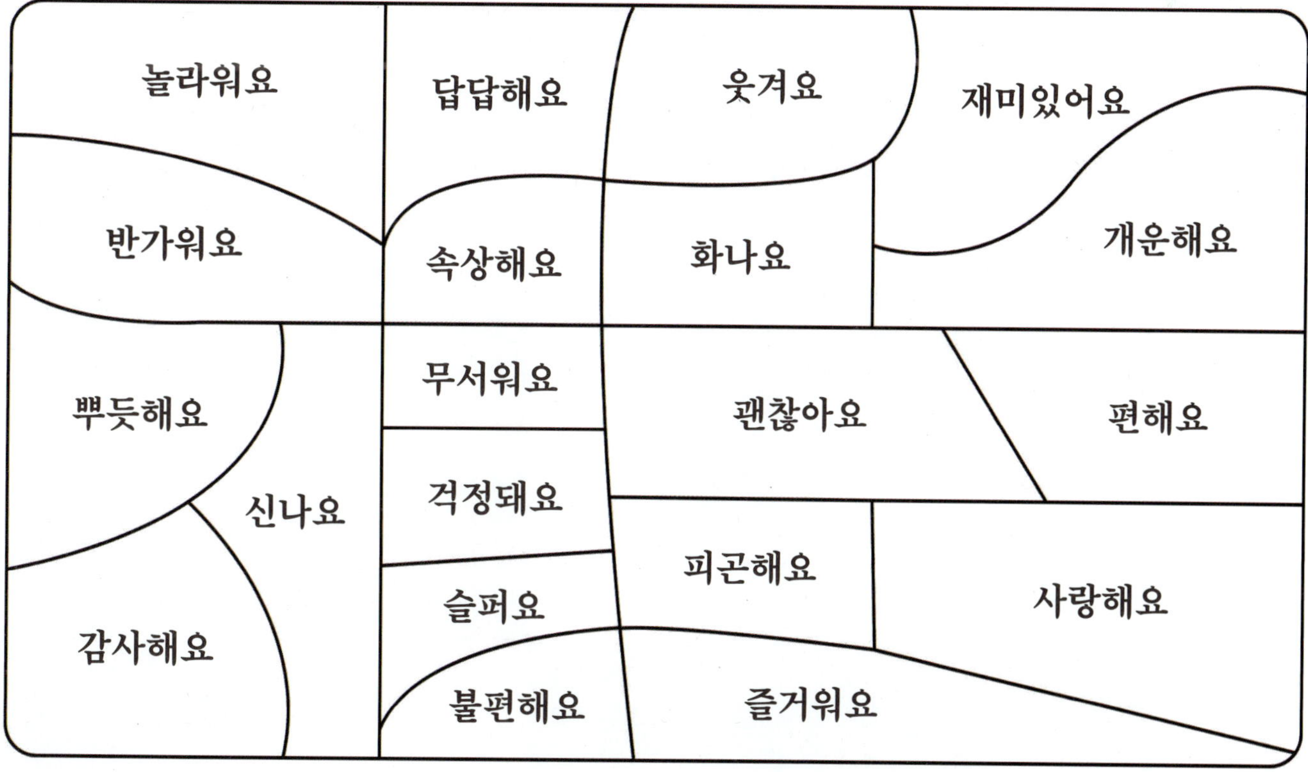

기분을 나타내는 말로 재미있게 놀아요

4 [보기]의 그림을 참고하여, 낱말 퍼즐판을 완성하세요.

가로 보기

세로 보기

5장

반대말
시간을 나타내는 말
물건을 셀 때 쓰는 말

반대말 ①

굵다/가늘다, 길다/짧다, 넓다/좁다, 두껍다/얇다

뜻이 서로 반대인 두 낱말을 바르게 따라 쓰세요. 

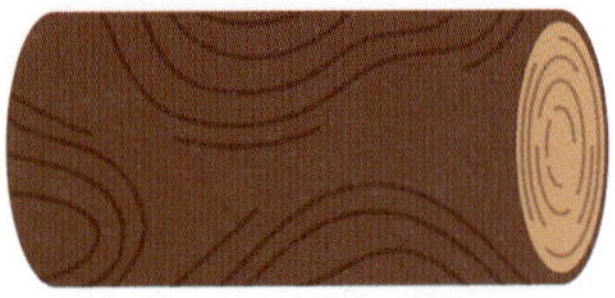

나무가 **굵 다** 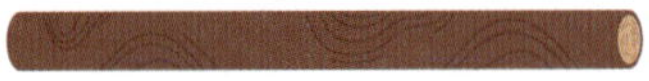 . ↔ 나무가 **가 늘 다** .

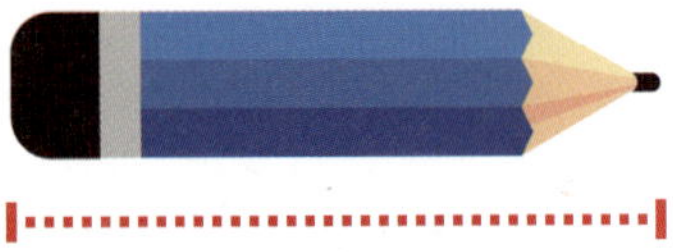

연필이 **길 다** 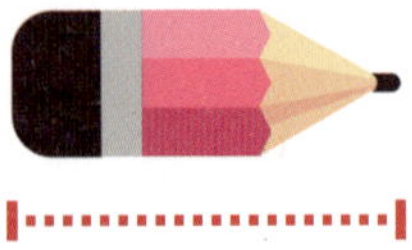 . ↔ 연필이 **짧 다** .

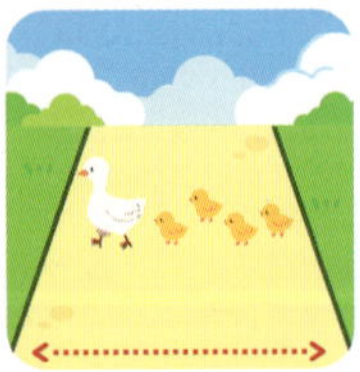

길이 **넓 다** 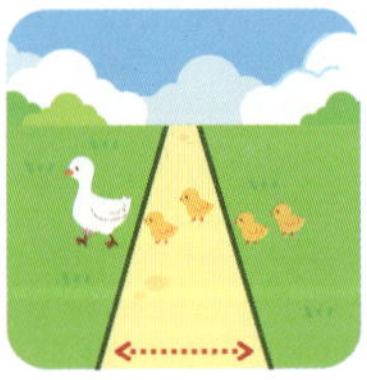 . ↔ 길이 **좁 다** .

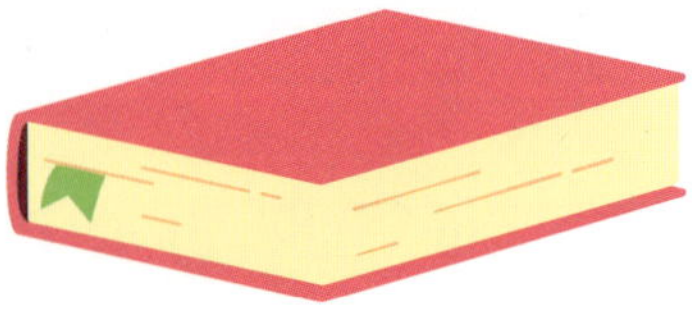

책이 **두 껍 다** 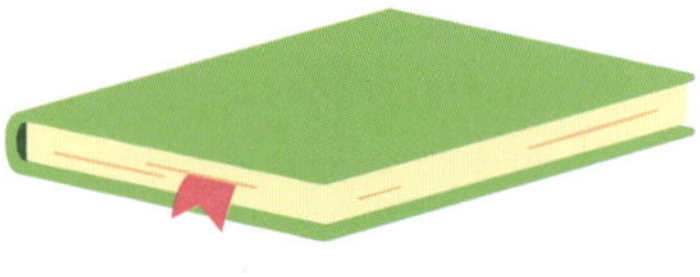 . ↔ 책이 **얇 다** .

2 아래 낱말의 반대말을 오른쪽에서 찾아 ○표 하세요.

두껍다 — 가늘다 | 얇다 | 굵다

길다 — 짧다 | 얇다 | 좁다

넓다 — 길다 | 좁다 | 짧다

굵다 — 얇다 | 가늘다 | 좁다

3 불러 주는 문장을 잘 듣고, 빈칸에 들어갈 낱말을 받아쓰세요. 

1 내 방은 언니 방보다 ☐☐ .

2 고양이의 꼬리가 ☐☐☐ .

3 우리 아빠 손가락은 ☐☐ .

4 이 종이는 너무 ☐☐ .

5 내 겨울 외투는 ☐☐☐ .

6 내 머리가 동생 머리보다 ☐☐ .

반대말 ②

깨끗하다/더럽다, 낮/밤, 들어가다/나가다, 밝다/어둡다

1 뜻이 서로 반대인 두 낱말을 바르게 따라 쓰세요. 

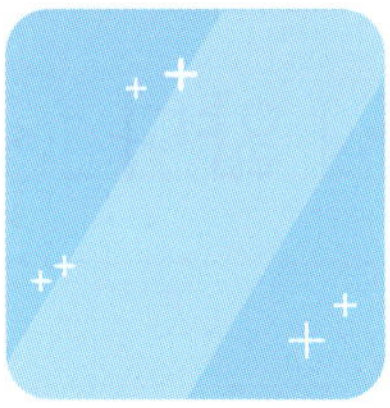

거울이 깨끗하다. 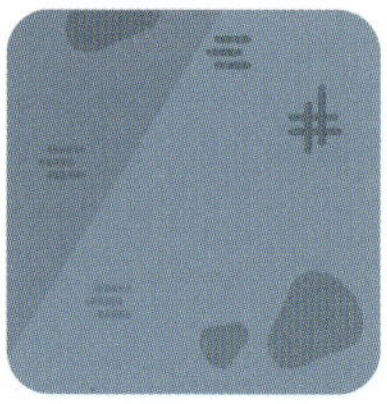 ↔ 거울이 더럽다.

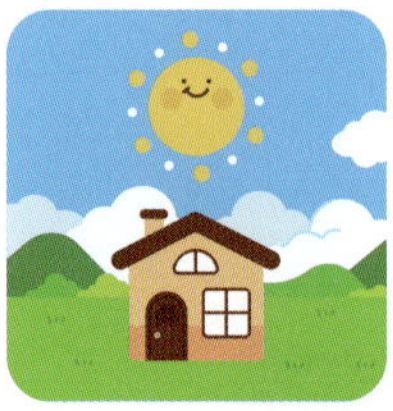

해는 낮에 뜬다. 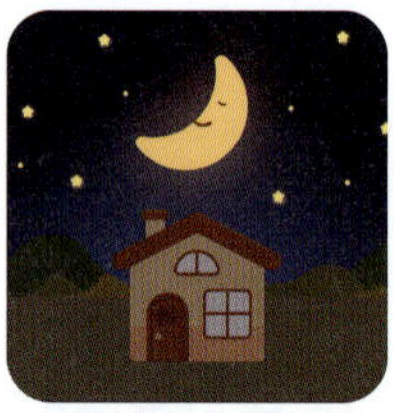 ↔ 달은 밤에 뜬다.

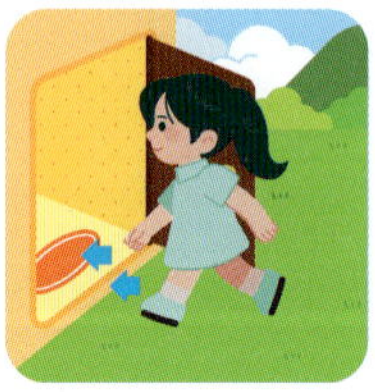

안으로 들어가다. 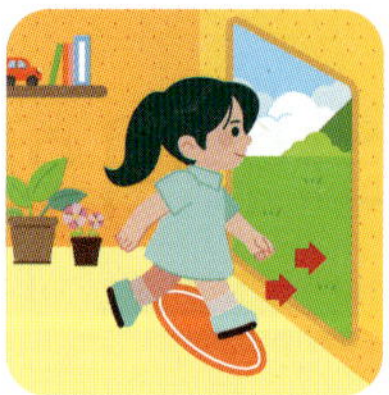 ↔ 밖으로 나가다.

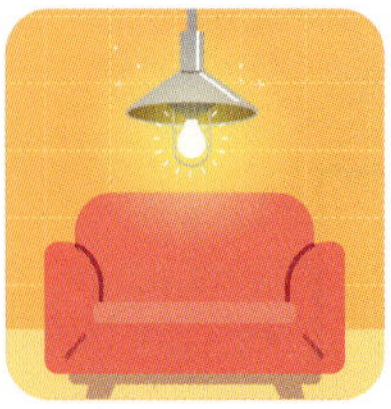

불을 켜면 밝다. 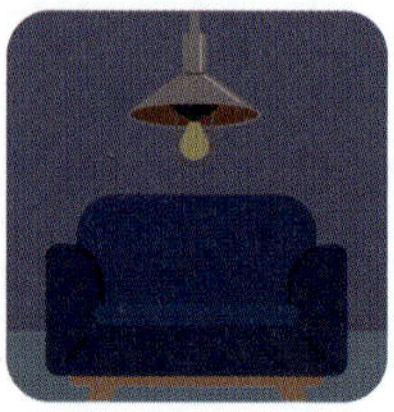 ↔ 불을 끄면 어둡다.

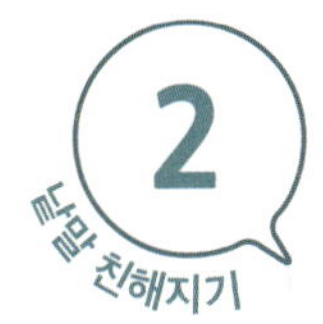

정답 170쪽

2 낱말 친해지기

뜻이 서로 반대인 낱말을 찾아 선으로 이으세요.

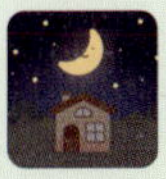 밤	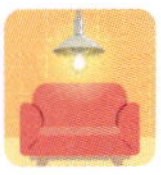 밝다
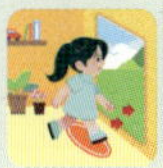 나가다	더럽다
깨끗하다	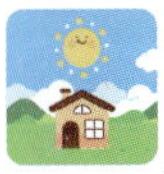 낮
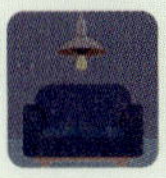 어둡다	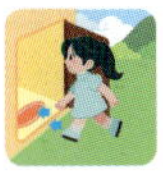 들어가다

3 낱말 받아쓰기

불러 주는 문장을 잘 듣고, 빈칸에 들어갈 낱말을 받아쓰세요.

1 해가 지니 주위가 ☐☐☐.

2 대문을 열고 집으로 ☐☐☐☐.

3 학교에 가려고 집에서 ☐☐☐.

4 ☐에는 놀고 ☐에는 자요.

5 빗길을 걸었더니 신발이 ☐☐☐.

6 비가 그치니 공기가 ☐☐☐☐.

40 반대말 ③

묶다/풀다, 빠르다/느리다, 있다/없다, 좋다/싫다

1 뜻이 서로 반대인 두 낱말을 바르게 따라 쓰세요. 

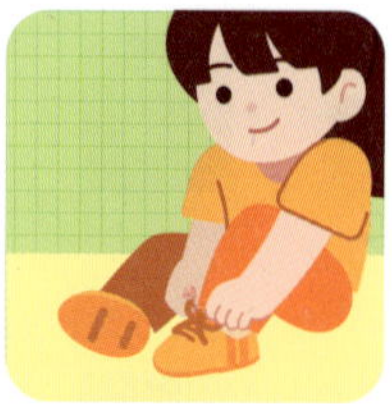

신발 끈을 묶다. 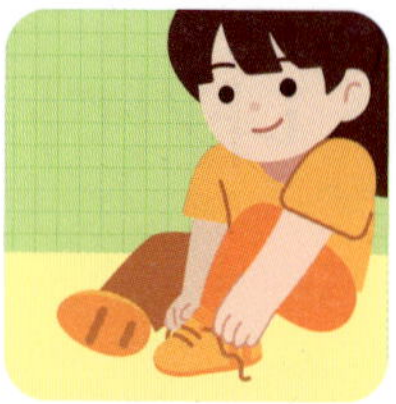 ↔ 신발 끈을 풀다.

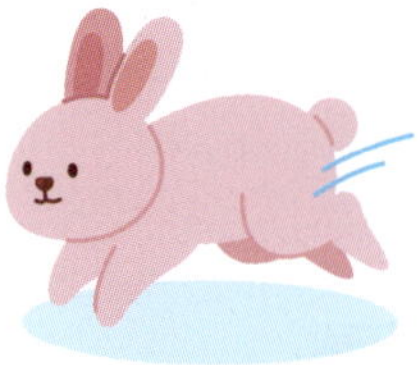

토끼는 빠르다. 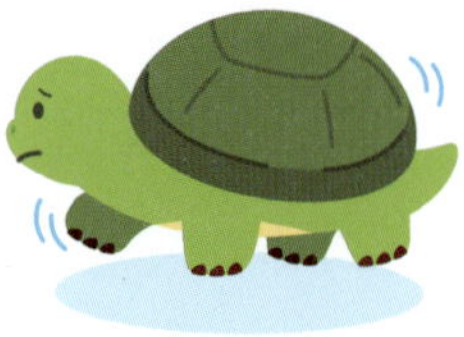 ↔ 거북은 느리다.

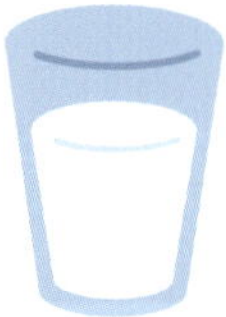

물이 있다. 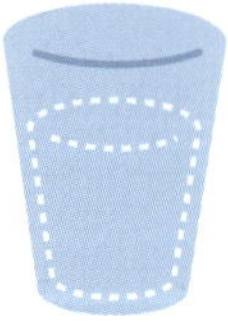 ↔ 물이 없다.

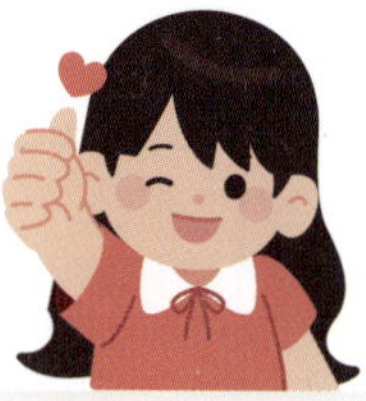

긴 머리가 좋다. 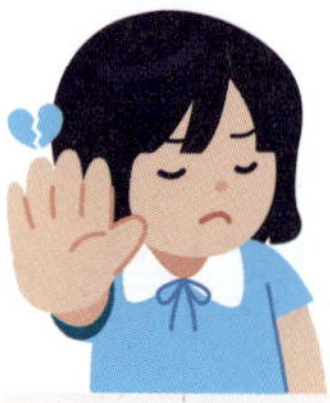 ↔ 짧은 머리가 싫다.

2. 낱말 친해지기

아래 낱말의 반대말을 오른쪽에서 찾아 ○표 하세요.

빠르다	 느리다 | 풀다 | 좋다
 있다	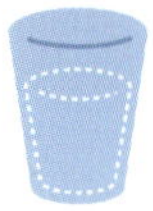 좋다 | 싫다 | 없다
 묶다	 풀다 | 빠르다 | 없다
 싫다	 없다 | 좋다 | 풀다

3. 낱말 받아쓰기

불러 주는 문장을 잘 듣고, 빈칸에 들어갈 낱말을 받아쓰세요.

1 내 바지에는 주머니가 ⬚⬚ .

2 학교에 차를 타고 가면 ⬚⬚⬚ .

3 학교에 걸어서 가면 ⬚⬚⬚ .

4 선물 상자의 리본을 ⬚⬚ .

5 긴 머리를 예쁘게 ⬚⬚ .

6 오늘은 날씨가 아주 ⬚⬚ .

125

41 반대말 ④

같다/다르다, 모이다/흩어지다, 붙이다/떼다, 정말/거짓말

1 뜻이 서로 반대인 두 낱말을 바르게 따라 쓰세요. 

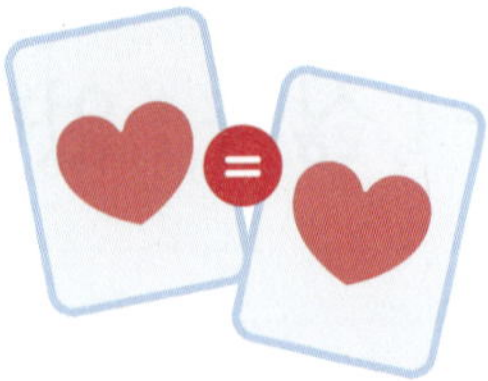

모양이 **같다**. 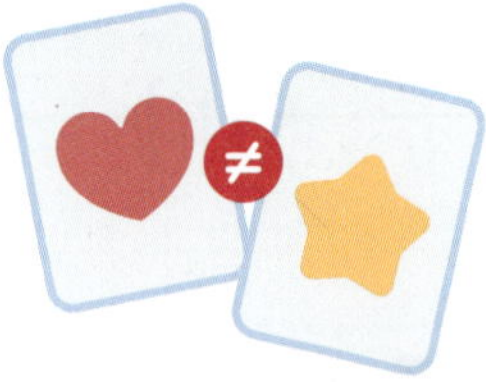 ↔ 모양이 **다르다**.

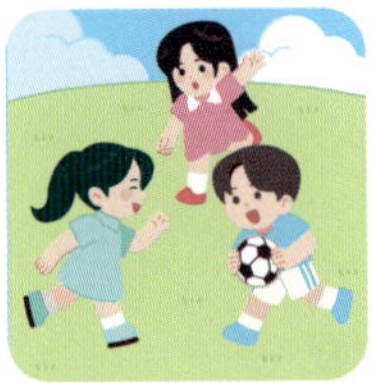

아이들이 **모이다**. 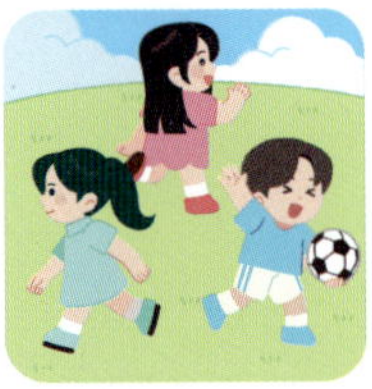 ↔ 아이들이 **흩어지다**.

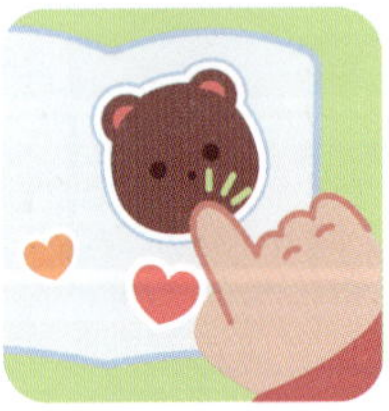

스티커를 **붙이다**. 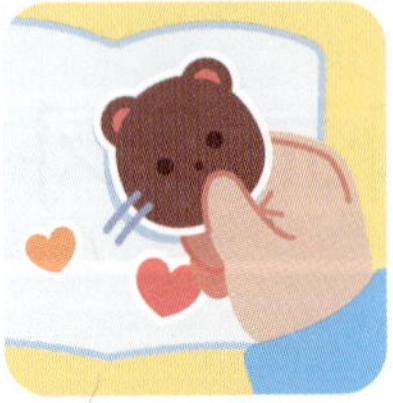 ↔ 스티커를 **떼다**.

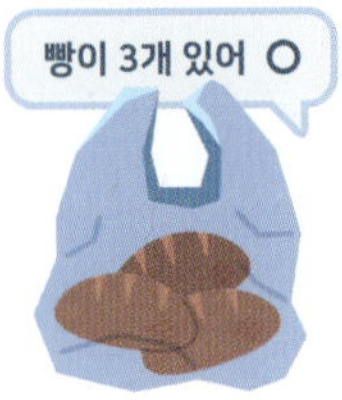

내 말이 **정말** ↔

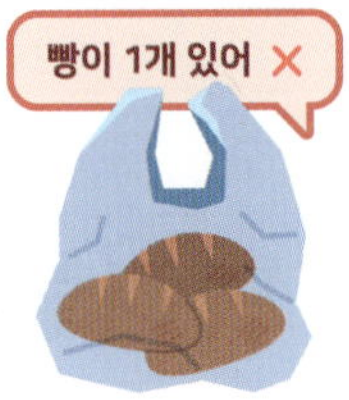

네 말은 **거짓말**

2 낱말과 친해지기

뜻이 서로 반대인 낱말을 찾아 선으로 이으세요.

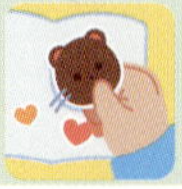 떼다	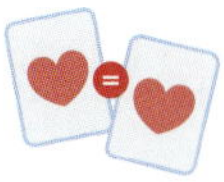 같다
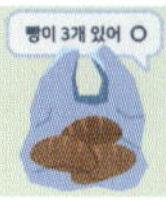 정말	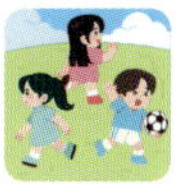 흩어지다
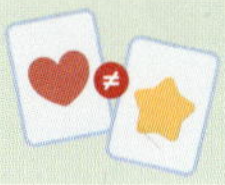 다르다	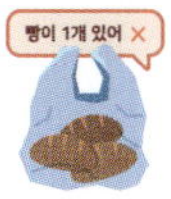 거짓말
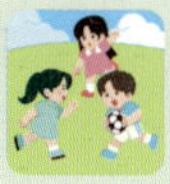 모이다	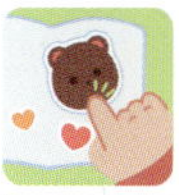 붙이다

3 낱말 받아쓰기

불러 주는 문장을 잘 듣고, 빈칸에 들어갈 낱말을 받아쓰세요.

1 편지 봉투에 우표를 　　　.

2 새 옷에 붙은 상표를 　　.

3 양치기 소년은 　　　을 잘한다.

4 수지와 나는 키가 　　.

5 언니와 나는 성격이 　　　.

6 온 가족이 한자리에 　　　.

42 반대말 ⑤

귀하다/흔하다, 이기다/지다, 조용하다/시끄럽다, 진짜/가짜

1 **뜻이 서로 반대인 두 낱말**을 바르게 따라 쓰세요. 

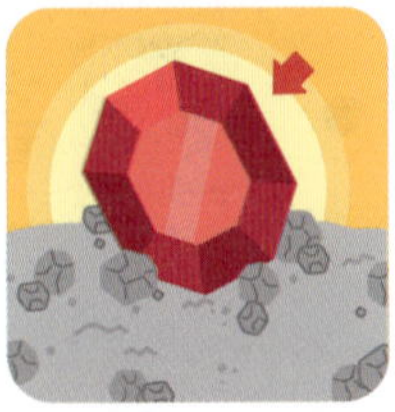

낱말 익히기

보석은 귀하다. 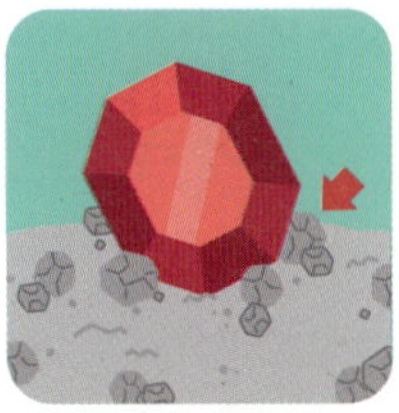 ↔ 돌은 흔하다.

거북이 이기다.  ↔ 토끼가 지다.

안은 조용하다.  ↔ 밖은 시끄럽다.

진짜 반지  ↔ 가짜 반지

2 아래 낱말의 반대말을 오른쪽에서 찾아 ○표 하세요.

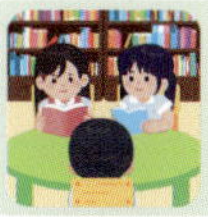

조용하다	진짜 | 지다 | 시끄럽다
흔하다	지다 | 귀하다 | 시끄럽다
가짜	시끄럽다 | 진짜 | 귀하다
이기다	지다 | 진짜 | 귀하다

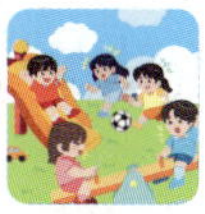

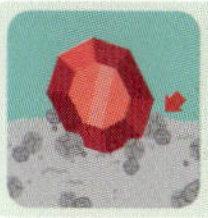

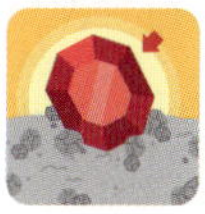

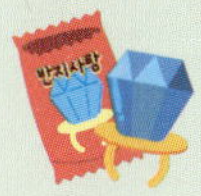

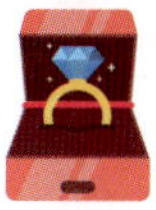

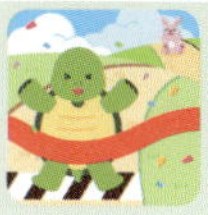

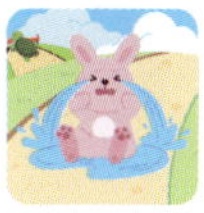

3 불러 주는 문장을 잘 듣고, 빈칸에 들어갈 낱말을 받아쓰세요.

1 팔씨름에서 상대편을 가볍게 ☐☐☐.

2 바닷가에는 모래가 ☐☐☐.

3 비가 오지 않아서 물이 ☐☐☐.

4 오늘따라 우리 교실이 ☐☐☐☐.

5 운동장에 나가니 너무 ☐☐☐☐.

6 이 목걸이는 ☐☐ 일까, ☐☐ 일까?

43 반대말 ⑥

가까이/멀리, 뜨다/가라앉다, 쉽다/어렵다, 얻다/잃다

1 뜻이 서로 반대인 두 낱말을 바르게 따라 쓰세요.

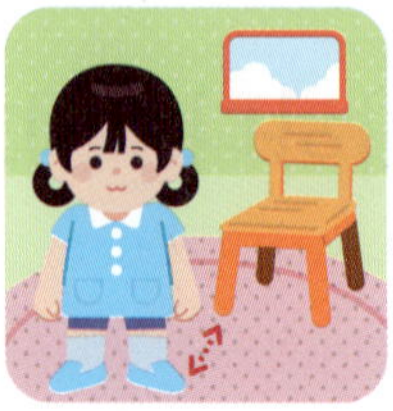

가 까 이 놓다. 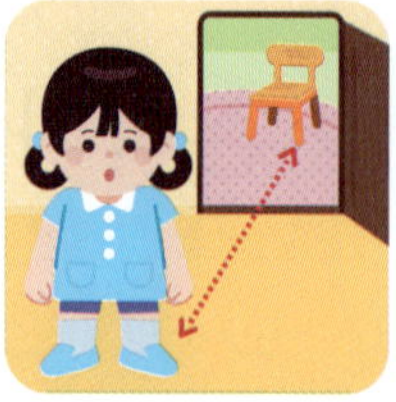 ↔ 멀 리 놓다.

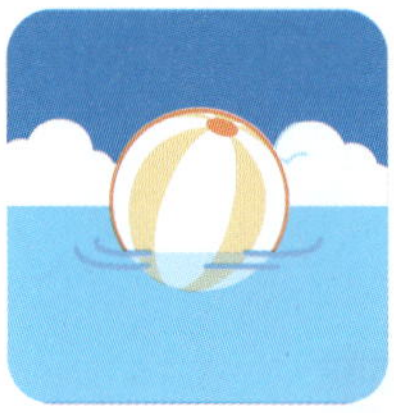

물 위에 뜨 다 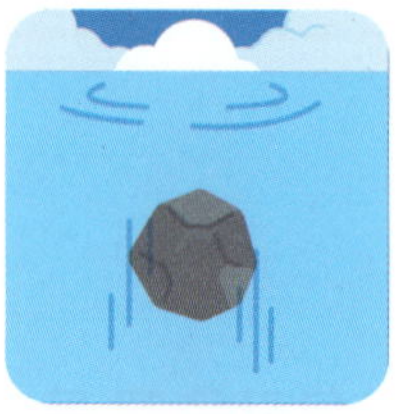 . ↔ 물 밑에 가 라 앉 다 .

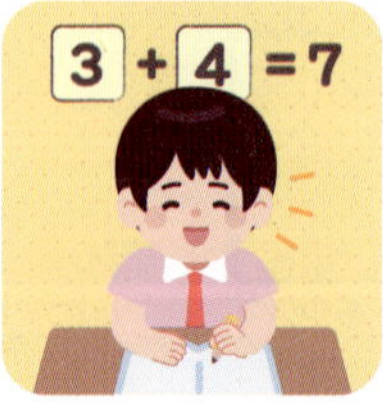

덧셈은 쉽 다 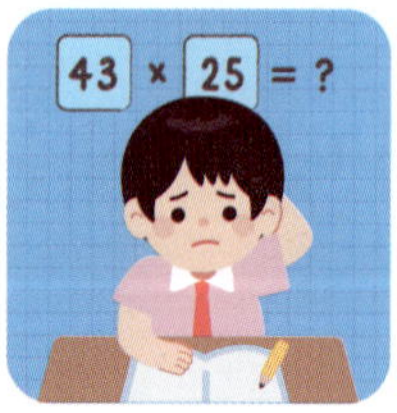 . ↔ 곱셈은 어 렵 다 .

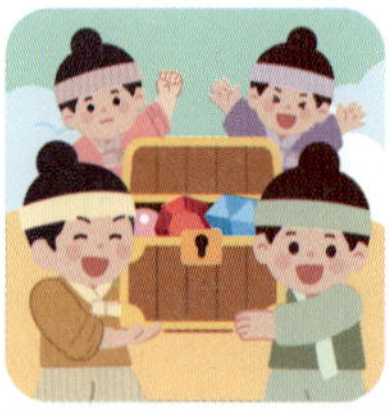

보물 상자를 얻 다 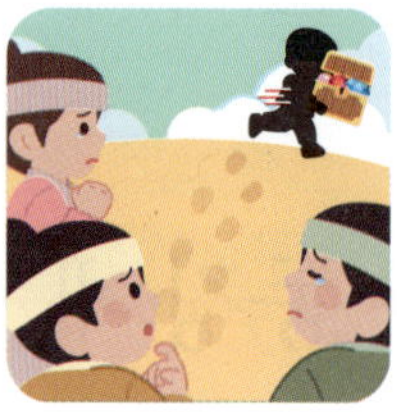 . ↔ 보물 상자를 잃 다 .

2 뜻이 서로 반대인 낱말을 찾아 선으로 이으세요.

뜨다 •　　　• 쉽다

얻다 •　　　• 가라앉다

멀리 •　　　• 잃다

어렵다 •　　　• 가까이

3 불러 주는 문장을 잘 듣고, 빈칸에 들어갈 낱말을 받아쓰세요. 

1 한글을 읽는 것은 ☐☐ .

2 영어로 말하는 것은 ☐☐☐ .

3 돌멩이가 물속으로 ☐☐☐☐ .

4 종이배가 물 위에 ☐☐ .

5 열심히 공부해서 자신감을 ☐☐ .

6 ☐☐ 가지 말고 ☐☐☐ 에 있어라.

반대말이랑 놀아요

1 그림을 보고, 알맞은 낱말에 ○표 하세요.

넓다 | 좁다 ↔ 넓다 | 좁다

밝다 | 어둡다 ↔ 밝다 | 어둡다

모이다 | 흩어지다 ↔ 모이다 | 흩어지다

뜨다 | 가라앉다 ↔ 뜨다 | 가라앉다

깨끗하다 | 더럽다 ↔ 깨끗하다 | 더럽다

2 그림에 맞는 낱말을 찾아 선으로 이으세요.

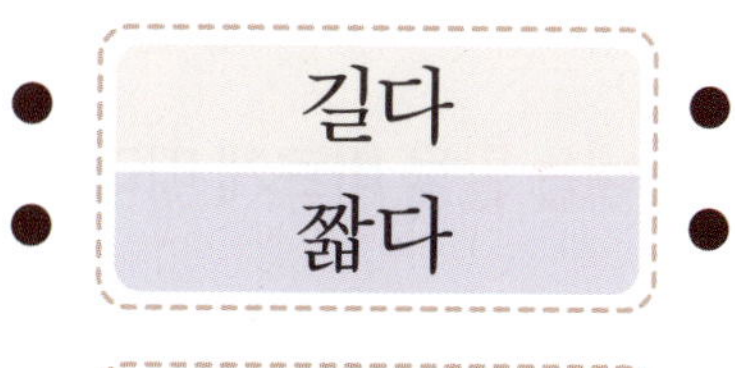

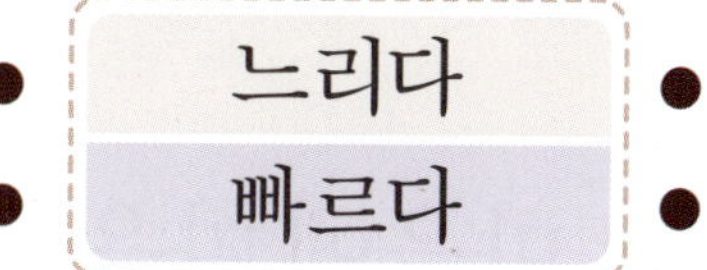

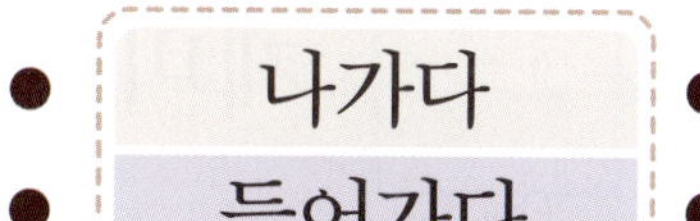

길다 / 짧다

느리다 / 빠르다

흔하다 / 귀하다

잃다 / 얻다

나가다 / 들어가다

3 뜻이 서로 반대인 낱말의 짝으로 이루어진 묶음을 찾아 ○표 하세요.

가늘다 ǀ 굵다	두껍다 ǀ 가늘다	있다 ǀ 싫다
좋다 ǀ 없다	두껍다 ǀ 얇다	묶다 ǀ 풀다
붙이다 ǀ 떼다	이기다 ǀ 어렵다	굵다 ǀ 얇다
떼다 ǀ 묶다	같다 ǀ 쉽다	진짜 ǀ 가짜
정말 ǀ 거짓말	멀리 ǀ 가까이	어렵다 ǀ 다르다

44

시간을 나타내는 말 ①

며칠 뒤, 새벽, 아침 일찍, 옛날, 이튿날, 저녁

1 아래의 글을 읽고, **시간을 나타내는 말**을 바르게 따라 쓰세요.

옛날 어느 마을에 마음 착한 흥부와 욕심 많은 놀부가 살았어요. 아침 일찍 일어난 흥부는 다친 제비를 발견하고 정성껏 치료해 주었어요. 며칠 뒤 제비는 박씨 하나를 물고 왔어요. 흥부는 그 박씨를 정성스럽게 심었어요.

이튿날 마당에는 커다란 박이 주렁주렁 열렸어요. 흥부네 식구들은 기뻐하며 저녁에 박을 쪼개 보았어요. 그랬더니 그 안에는 금은보화가 가득 차 있었어요.

이 소식을 들은 놀부는 새벽에 몰래 제비 다리를 부러뜨리고 치료해 주었어요. 그리고 박씨 하나를 받아서 심었지요. 욕심 많은 놀부의 박에는 과연 무엇이 들어 있을까요?

2 일이 일어난 차례에 맞게 시간을 나타내는 말을 아래에서 찾아 번호를 쓰세요.

❶ 옛날　❷ 아침 일찍　❸ 며칠 뒤　❹ 이튿날　❺ 저녁　❻ 새벽

놀부가 제비 다리를 부러뜨렸어요. □	제비가 박씨 하나를 물고 왔어요. □	마당에 박이 주렁주렁 열렸어요. □
흥부와 놀부가 살았어요. □	흥부가 다친 제비를 발견하고 치료 해 주었어요. □	흥부네 식구들이 모여 박을 쪼갰어요. □

3 불러 주는 문장을 잘 듣고, 빈칸에 들어갈 말을 받아쓰세요.

1 ☐☐ 에는 바람이 시원하게 불어요.

2 ☐☐ 에는 자동차가 없었어요.

3 친구가 ☐☐☐☐ 에 전학을 간대요.

4 ☐☐ 부터 비가 내리기 시작해요.

5 ☐☐☐☐☐ 일어나서 기분이 좋아요.

6 씨앗을 심었더니 ☐☐☐ 싹이 났어요.

45

시간을 나타내는 말 ②

깊은 밤, 어느 날, 어제, 오전, 오후, 점심때

1 아래의 글을 읽고, **시간을 나타내는 말**을 바르게 따라 쓰세요. 

어 느   날 토끼와 거북이가 만났어요.

달리기가 빠른 토끼는 거북이에게 경주를 하자고 했어요.

경주는 오 전 부터 시작되었어요. 거북이보다

훨씬 빠르게 앞서 나간 토끼는 점 심 때 가

되어 나무 밑에서 쉬었다 가기로 했어요. 오 후 가

되어서는 쿨쿨 잠도 잤어요. 한편, 거북이는 계속 걸었지요.

깊 은   밤 이 되어서야 잠에서 깬 토끼는

거북이가 골인 지점에 거의 다 가 있는 걸 발견했어요.

급하게 달렸지만 이미 늦었어요.

어 제 까지만 해도 토끼가 이길 줄 알았는데, 이

경주에서는 느려도 쉬지 않고 걸은 거북이가 이겼답니다.

2 앞의 이야기에서 일어난 일에 맞게 시간을 나타내는 말을 찾아 번호를 쓰세요.

❶ 어느 날 ❷ 오전 ❸ 점심때 ❹ 오후 ❺ 깊은 밤 ❻ 어제

토끼는 쉬었다 가기로 했어요. ☐

토끼가 이길 거라고 생각했어요. ☐

토끼는 계속 쉬고, 거북이는 계속 걸었어요. ☐

토끼와 거북이가 만났어요. ☐

거북이가 경주에서 이겼어요. ☐

경주가 시작되었어요. ☐

3 불러 주는 문장을 잘 듣고, 빈칸에 들어갈 말을 받아쓰세요. 

1 ☐☐ 친구와 함께 그림을 그렸어요.

2 ☐☐☐☐ 이 되니 주위가 조용해요.

3 ☐☐ 에 아빠와 산책을 했어요.

4 ☐☐☐☐ 갑자기 준이가 좋아졌어요.

5 ☐☐ 에 엄마와 마트에 갔어요.

6 ☐☐☐ 가 되니 배가 고파요.

46

물건을 셀 때 쓰는 말 ①

개, 권, 그루, 대, 자루, 장

1 그림에 알맞은 **물건을 셀 때 쓰는 말**을 바르게 따라 쓰세요. 

책 두 권 을 읽었어요.

색종이 세 장 을 접어요.

나무 한 그루 를 심어요.

연필 세 자루 가 있어요.

사과 한 개 를 먹어요.

자동차 두 대 가 지나가요.

2 물건을 셀 때 쓰는 말을 바르게 적은 것을 오른쪽에서 찾아 ○표 하세요.

	연필 세	자루 ┃ 개
	색종이 세	권 ┃ 장
	자동차 두	대 ┃ 개
	책 두	장 ┃ 권
	나무 한	자루 ┃ 그루

3 불러 주는 문장을 잘 듣고, 빈칸에 들어갈 낱말을 받아쓰세요. 

1 자전거 한 ☐ 가 서 있어요.

2 색연필 네 ☐☐ 를 가지고 다녀요.

3 알림장이 이제 한 ☐ 남았어요.

4 마당에 나무 두 ☐☐ 가 있어요.

5 도서관에서 책 세 ☐ 을 빌렸어요.

6 빵 다섯 ☐ 를 샀어요.

47

물건을 셀 때 쓰는 말 ②
묶음, 벌, 올, 채, 켤레, 통

 그림에 알맞은 **물건을 셀 때 쓰는 말**을 바르게 따라 쓰세요. 

낱말 익히기

빨대 두 묶음 이 있어요.

수저 한 벌 만 주세요.

머리카락 한 올 이 삐져나왔어요.

집 두 채 가 보여요.

구두 세 켤레 가 있어요.

수박 한 통 을 샀어요.

2 물건을 셀 때 쓰는 말을 바르게 적은 것을 오른쪽에서 찾아 ○표 하세요.

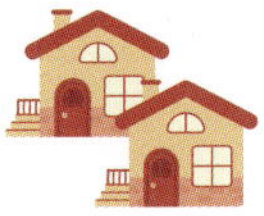

낱말 친해지기

	집 두	채 | 통
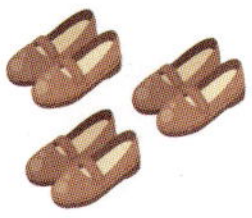	구두 세	묶음 | 켤레
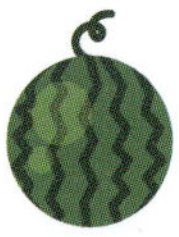	수박 한	벌 | 통
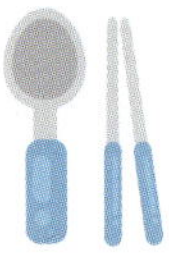	수저 한	벌 | 묶음
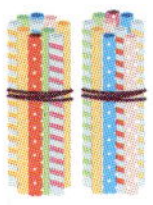	빨대 두	올 | 묶음

3 불러 주는 문장을 잘 듣고, 빈칸에 들어갈 낱말을 받아쓰세요.

낱말 받아쓰기

1 새 옷 한 ☐ 을 샀어요.

2 서랍에 양말 다섯 ☐☐ 가 있어요.

3 털장갑의 실 한 ☐ 이 풀렸어요.

4 배추 한 ☐ 이 꽤 무거워요.

5 저쪽에 기와집 한 ☐ 가 있어요.

6 나무젓가락 세 ☐☐ 주세요.

시간을 나타내는 말, 물건을 셀 때 쓰는 말이랑 놀아요

1 시간을 나타내는 말 12개를 왼쪽에서 오른쪽(→), 또는 위에서 아래(↓) 방향으로 찾아 ○표 하고, 따라 쓰세요. (띄어쓰기는 하지 않아요.)

> 아침 일찍, 저녁, 새벽, 이튿날, 옛날, 며칠 뒤
> 깊은 밤, 어느 날, 어제, 오전, 오후, 점심때

져	녁	어	이	옌	날	옛	날	녈
저	저	제	재	야	침	옛	날	알
녁	녑	저	어	아	침	일	찍	짝
넉	이	튼	날	녈	첨	일	쩍	새
아	이	튼	날	며	몇	오	세	벽
으	오	후	휴	칠	일	전	요	전
여	우	호	두	뒤	뒤	기	픈	밤
어	느	날	졈	신	떼	깊	은	밤
어	누	날	점	심	때	깁	운	바

2 그림에 해당하는 물건을 셀 때 쓰는 말을 찾아 선으로 잇고, 바르게 따라 쓰세요.

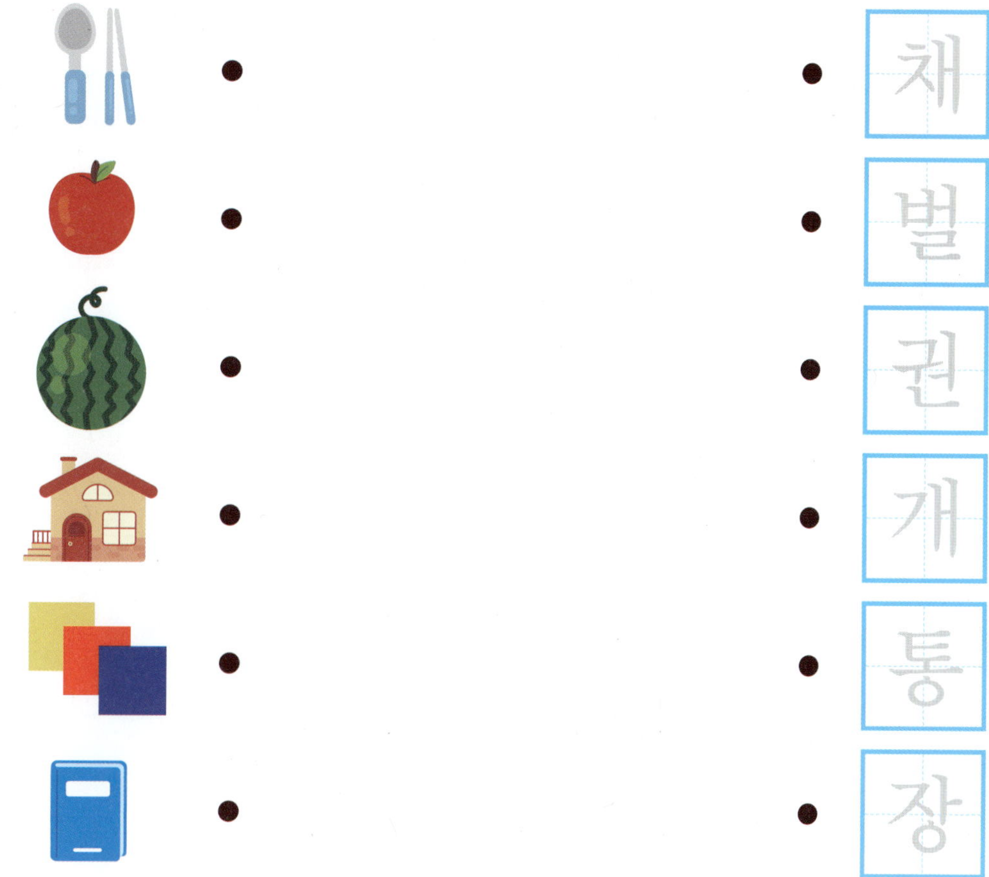

채
벌
권
개
통
장

3 그림에 해당하는 물건을 셀 때 쓰는 말을 찾아 ○표 하세요.

반대말, 시간을 나타내는 말, 물건을 셀 때 쓰는 말로 재미있게 놀아요

1 건이가 어질러진 방을 정리하려고 해요. 여기저기 흩어진 블록들을 먼저 정리하려고 하는데, 서로 반대말 관계인 낱말을 따라가 건이가 블록들을 담을 수 있게 해 주세요.

2 이야기를 잘 읽고, 시간의 흐름에 맞게 빈칸에 알맞은 말을 찾아 쓰세요.

머칠 뒤	아침 일찍	어느 날

옛날	오전	이튿날	점심때

[　　　　] 한 마을에 양치기 소년이 살았어요.

[　　　　] 소년은 양들을 모두 몰고 산으로 올라갔어요.

그리고 [　　　　] 부터 한가하게 양들이 풀을 뜯는 모습을 지켜보고 있었어요.

[　　　　] 이 지나자 소년은 심심해졌어요. 그리고 문득 나쁜 생각이 떠올랐어요. 소년은,

"늑대가 나타났다!"

하고 큰 소리로 외쳤어요. 마을 사람들이 달려왔어요. 하지만 사람들은 금방 거짓말이라는 것을 알았지요.

[　　　　] 에 소년은 또 거짓말을 했어요.

"늑대다! 늑대가 왔어!"

[이튿날] 도 똑같은 일이 일어났어요.

사람들은 화가 났어요.

[　　　　], 진짜 늑대가 나타났어요.

하지만 이번에는 아무도 소년의 말을 믿지 않았어요.

반대말, 시간을 나타내는 말, 물건을 셀 때 쓰는 말로 재미있게 놀아요

3 그림 속에서 각각의 물건이 몇 개씩 있는지 세어 빈칸에 그 수를 적고, 물건을 셀 때 쓰는 말을 바르게 적은 것을 찾아 ○표 하세요.

색종이는 ☐ [장 | 개] 있어요.

자동차는 ☐ [채 | 대] 있어요.

나무는 ☐ [그루 | 채] 있어요.

구두는 ☐ [벌 | 켤레] 있어요.

연필은 ☐ [자루 | 켤레] 있어요.

집은 ☐ [대 | 채] 있어요.

책은 ☐ [권 | 장] 있어요.

사과는 ☐ [개 | 통] 있어요.

수박은 ☐ [통 | 대] 있어요.

수저는 ☐ [벌 | 묶음] 있어요.

6장

외래어
교과서 낱말 뜻 알기

48

컴퓨터와 관련된 외래어

게임, 노트북, 메일, 스크롤, 와이파이, 컴퓨터

1 친구가 쓴 일기를 읽고, **외래어**를 바르게 따라 쓰세요.

2026년 1월 11일 일요일	날씨 : 바람이 쌩쌩 부는 날

아침에 일어나서 **컴퓨터**를 켰다.

엄마가 **메일**을 확인하라고 했기

때문이다. 새로운 **노트북**이 곧

도착할 거라는 소식이 와 있었다. 나는 신나서 화면을

끝까지 **스크롤**해서 내려 보았다.

와이파이가 잘 연결되어

있어서 속도가 빨랐다.

메일을 다 읽고 나니 너무너무 기대된다. 앞으로

새 노트북으로 **게임**도 하고 공부도

할 생각에 자꾸 웃음이 난다.

* 외래어는 다른 나라에서 들어와 우리말처럼 쓰이는 말(한자어는 제외)이에요.

2 낱말 친해지기

그림에 맞는 낱말을 찾아 ○표 하세요.

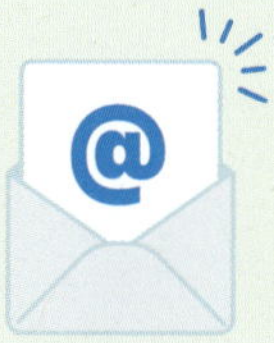

매일
메일

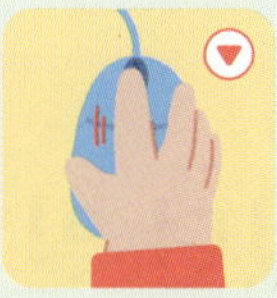

스크롤
스크로울

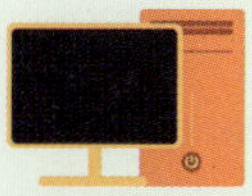

컴퓨터
콤퓨터

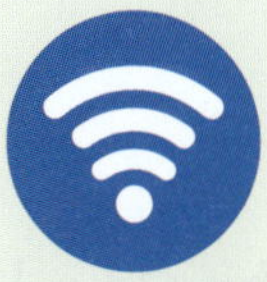

와이파이
아이파이

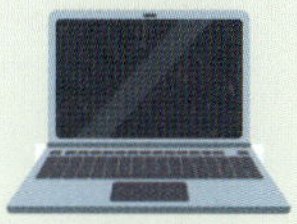

놋트북
노트북

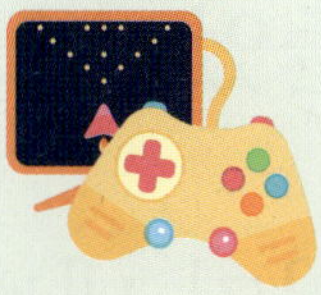

게임
께임

3 낱말 받아쓰기

불러 주는 문장을 잘 듣고, 빈칸에 들어갈 낱말을 받아쓰세요.

1 형이 [ ][ ][ ]로 공부를 해요.

2 손가락으로 화면을 [ ][ ][ ]해요.

3 친구와 함께 [ ][ ]을 해요.

4 엄마가 [ ][ ][ ]으로 일해요.

5 친구에게서 [ ][ ]이 왔어요.

6 우리 집 [ ][ ][ ][ ]는 빨라요.

49

음식과 관련된 외래어

버터, 브로콜리, 소시지, 수프, 치즈, 핫도그

1 친구가 쓴 글을 읽고, **외래어**를 바르게 따라 쓰세요.

주말에 있었던 일 소개하기

주말에 엄마와 함께 맛있는  수 프 를 만들었어요.

먼저 냄비에  버 터 를 넣고 녹였어요.

그 다음  소 시 지 를 썰어서 넣었어요.

초록색  브 로 콜 리 도 잘라서 넣었어요. 재료들이 노릇노릇해지자 엄마가 우유를 부었어요. 나는 보글보글 끓을 때까지 바닥에 붙지 않게 숟가락으로 살살 저어 주었어요. 그리고

마지막으로  치 즈 를 조금 넣었어요.

이제 부드럽고 고소한 수프 완성! 아빠가 사 온

 핫 도 그 를 함께 먹으니 너무 맛있었어요.

2 그림에 알맞은 낱말을 찾아 선으로 이으세요.

핫도그		브로컬리
스프		소시지
소세지		수프
뻐터		한도그
브로콜리		버터

3 불러 주는 문장을 잘 듣고, 빈칸에 들어갈 낱말을 받아쓰세요. 

1 ⬚⬚ 에서 고소한 냄새가 나요.

2 ⬚⬚⬚ 에 케첩을 뿌려서 먹어요.

3 맛있는 ⬚⬚⬚ 를 먹고 싶어요.

4 ⬚⬚⬚⬚ 는 몸에 좋은 채소예요.

5 엄마가 빵에 ⬚⬚ 를 발랐어요.

6 따뜻한 ⬚⬚ 가 맛있어요.

50

일상생활과 관련된 외래어
세트, 케이크, 텔레비전, 파티, 피아노, 훌라후프

1 낱말 익히기

친구가 쓴 일기를 읽고, **외래어**를 바르게 따라 쓰세요. 

2026년 7월 11일 토요일	**날씨** 해가 하루 종일 웃는 날

오늘 친구들을 초대해 내 생일  파티 를 했다. 엄마는 예쁜  케이크 와 맛있는 음식들로 상을 차려 주셨다.

수아가  피아노 를 치고 다른 친구들은 생일 축하 노래를 불러 주었다. 친구들이 준 선물 중에는  텔레비전 에서 보았던 물감놀이  세트 도 있었다. 나는 기분이 정말 좋았다.

우리는 종이접기, 숨바꼭질을 하며 놀았다. 그리고  훌라후프 를 누가 더 오랫동안 돌리는지 시합도 했다. 정말 즐거운 날이었다.

2 그림에 맞는 낱말을 찾아 ○표 하세요.

텔레비젼	셀
텔레비전	세트
피아노	
피에노	
파리	케이크
파티	케잌
훌라후푸	
훌라후프	

3 불러 주는 문장을 잘 듣고, 빈칸에 들어갈 낱말을 받아쓰세요. 

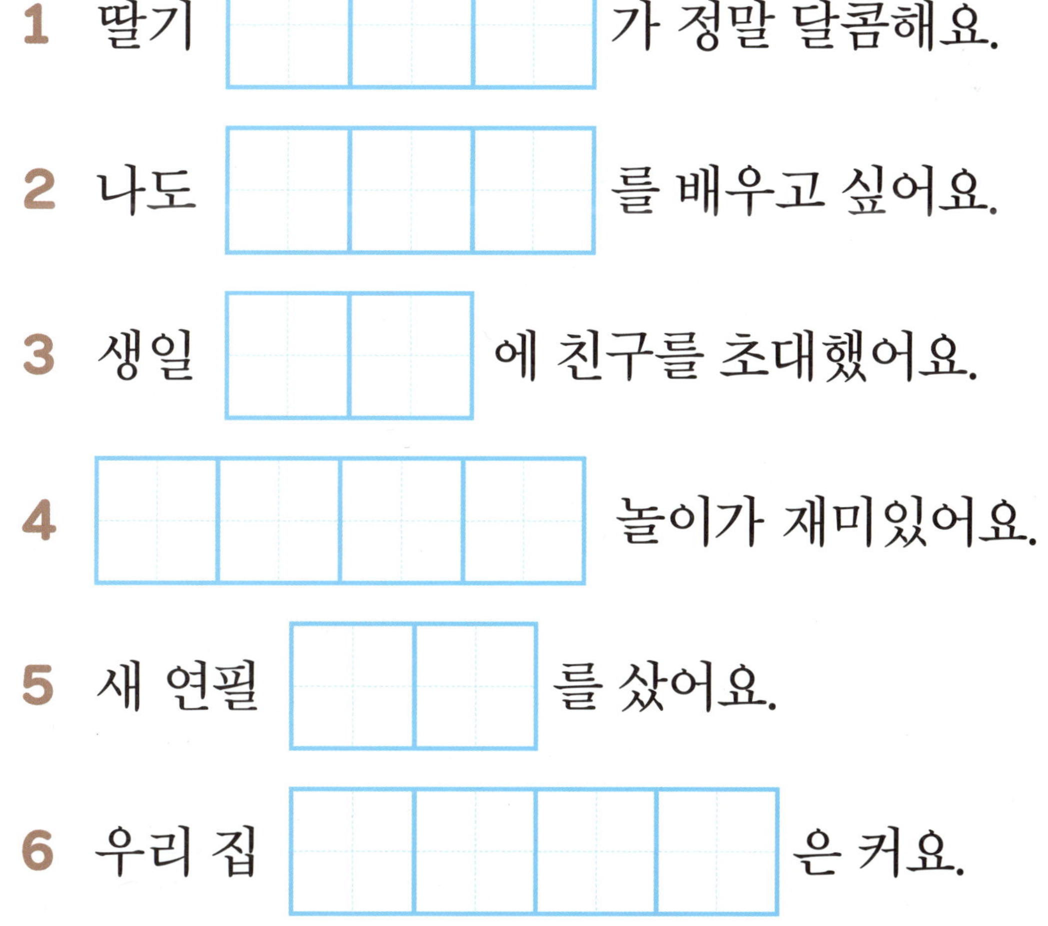

1 딸기 ☐☐☐ 가 정말 달콤해요.

2 나도 ☐☐☐ 를 배우고 싶어요.

3 생일 ☐☐ 에 친구를 초대했어요.

4 ☐☐☐☐ 놀이가 재미있어요.

5 새 연필 ☐☐ 를 샀어요.

6 우리 집 ☐☐☐☐ 은 커요.

외래어랑 놀아요

1 그림이 가리키는 낱말을 왼쪽에서 오른쪽(→), 또는 위에서 아래(↓) 방향으로 찾아 ○표 하고, 따라 쓰세요.

        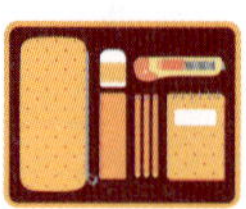 

소	소	세	지	와	와	이	파	이
세	시	쥐	와	이	아	이	패	이
시	지	소	슥	셀	세	트	콤	컴
보	러	스	크	롤	에	푸	퓨	퓨
브	러	콜	롤	한	트	러	타	터
로	컬	리	핫	도	그	개	게	겜
콜	콜	케	익	구	퓌	임	임	빠
리	캐	이	그	피	아	노	뻐	터
이	케	크	퓌	아	노	치	이	즈

2 오른쪽 그림은 왼쪽 그림을 보고 따라 그린 것인데 어딘가 이상해요. 왼쪽 그림에는 있지만,
오른쪽 그림에서는 사라진 것의 이름을 찾아 ○표 하세요.

노트북 세트
치즈 컴퓨터
파티 피아노

게임 텔레비전
메일 훌라후프
스크롤 와이파이

버터 브로콜리
소시지 수프
케이크 핫도그

노트북 피아노
컴퓨터 케이크
텔레비전 세트

51

교과서 낱말 뜻 알기 ①
간신히, 감쪽같이, 무시무시하다, 서두르다, 신기하다, 하마터면

1 낱말의 뜻을 짐작하며 글을 읽고, 바르게 따라 쓰세요. 

한 나무꾼이 산에서 호랑이를 만났어요. 나무꾼은

바로 눈앞에서 호랑이의 크고 날카로운 이빨을 보자

무시무시하다 는 생각만 들었어요.

나무꾼은 있는 힘을 다해 도망쳤어요. 정신없이

서두르다 보니 여러 번 넘어졌고, 그러다

하마터면 호랑이한테 잡아먹힐 뻔했어요.

그리고 나무꾼이 커다란 바위 뒤에 숨어 있다 한참이

지나고 나왔을 때 호랑이는 감쪽같이

사라지고 없었어요.

간신히 집으로 돌아오게 된 나무꾼은

호랑이를 만나고도 이렇게 살아 있다는 게 정말로

신기하다 고 생각했어요.

2 글의 내용을 참고하여, 뜻풀이에 맞는 낱말을 아래에서 찾아 번호를 쓰세요.

❶ 무시무시하다　❷ 서두르다　❸ 하마터면
❹ 감쪽같이　❺ 간신히　❻ 신기하다

아주 많이 무섭다.	믿을 수 없을 정도로 놀랍다.	꾸미거나 고친 것이 알아챌 수 없을 정도로 티가 나지 않게.
겨우, 매우 힘들게.	어떤 일을 급하게 처리하려 하다.	조금만 잘못했더라면. 위험한 상황을 겨우 벗어났을 때 쓰는 말.

3 불러 주는 문장을 잘 듣고, 빈칸에 들어갈 낱말을 받아쓰세요.

1 잠이 와서 숙제를 [　　　] 끝냈어요.

2 로봇이 저절로 움직이는 게 [　　　].

3 [　　　] 길을 잃을 뻔했어요.

4 약속 시간에 늦어서 [　　　].

5 내 사탕이 [　　　] 없어졌어요.

6 천둥소리가 [　　　].

1 낱말의 뜻을 짐작하며 글을 읽고, 바르게 따라 쓰세요.

공원에서 놀던 건이는 풀숲에서 어미 꿩 한 마리가 작고 귀여운 　꺼　병　이　 와 함께 뛰어다니는 것을 보았어요. 건이는 신기해서 살금살금 다가갔어요. 그러다 그만 　구　덩　이　 에 발이 빠지고 말았지요. 건이는 "아야!" 하며 울음을 터뜨렸어요. 그때 마침 일찍 　귀　가　 하던 아빠가 건이를 보고 달려왔어요. 그리고 "아이고, 우리 　막　내　 가 누나들 없이 혼자 나와 놀고 있구나!" 하면서 건이를 안아 주었어요.

건이는 아빠와 손을 잡고 　건　널　목　 에 서서 녹색불이 켜지기를 기다렸어요. 그때 깃발을 든 안전 　요　원　 이 활짝 웃으며 손을 흔들었어요. 건이도 씩씩하게 손을 흔들며 집으로 돌아갔답니다.

2 글의 내용을 참고하여, 글자를 순서대로 색칠해 뜻풀이에 맞는 낱말을 완성하세요.

집으로 돌아감	꿩의 어린 새끼	땅이 움푹하게 파인 곳
기 귀 거 가 기	꺼 벙 병 아 이	궁 구 덩 당 이

길을 건널 수 있게 정해진 곳	어떤 일을 하는 데 꼭 필요한 사람	여러 형제, 자매 가운데 맨 나중에 난 사람
건 널 넌 목 묫	와 오 요 언 원	망 막 만 내 네

3 불러 주는 문장을 잘 듣고, 빈칸에 들어갈 낱말을 받아쓰세요.

1 자원봉사 ☐☐ 이 길을 안내해요.

2 ☐☐☐ 에 물이 고여 있어요.

3 나는 우리 집의 ☐☐ 예요.

4 ☐☐☐ 가 나무에 앉아 있어요.

5 ☐☐ 후에는 손을 깨끗이 씻어요.

6 ☐☐☐ 앞에 신호등이 있어요.

교과서 낱말 뜻 알기 ③

구별하다, 발견, 발명, 표현하다, 확인하다, 활용하다

1 낱말의 뜻을 짐작하며 글을 읽고, 바르게 따라 쓰세요.

에디슨은 촛불보다 더 밝은 불을 만들면 좋겠다는 생각을 하고 전구를 발명 했어요.

준이는 집 앞 화단을 구경하다 꽃들 사이에서 나비들을 발견 했어요. 그 앞에 앉아 호랑나비와 흰나비를 구별하다 보니 시간 가는 줄 몰랐어요.

나는 집에서 나오면서 문을 잘 잠갔는지 다시 가서 확인하다 약속 시간에 늦을 뻔했어요.
친구에게 고마운 마음을 말로만 표현하다 오늘은 직접 만든 연필꽂이를 선물하기로 했어요.
친구는 선물을 받고, "연필꽂이를 만드는 데 우유갑을 활용하다 니!" 하며 좋아하겠지요?

2 글의 내용을 참고하여, 뜻풀이에 맞는 낱말을 아래에서 찾아 번호를 쓰세요.

❶ 발명　❷ 발견　❸ 구별하다
❹ 확인하다　❺ 표현하다　❻ 활용하다

마음속 생각이나 느낌을 말이나 몸짓 등으로 나타내다.	틀림없이 그러한가를 알아보거나 인정하다.	미처 찾아내지 못했거나 알려지지 않은 것을 찾아냄.
아직까지 없던 기술이나 물건을 새로 생각하여 만들어 냄.	도구나 물건을 충분히 잘 이용하다.	성질이나 종류에 따라 갈라놓다.

3 불러 주는 문장을 잘 듣고, 빈칸에 들어갈 낱말을 받아쓰세요.

1 과학자가 새로운 로봇을 [ ][ ] 했어요.

2 공원에서 예쁜 꽃을 [ ][ ] 했어요.

3 시간을 계획에 맞게 잘 [ ][ ][ ][ ] .

4 진짜와 가짜를 [ ][ ][ ][ ] .

5 숙제를 다 했는지 [ ][ ][ ][ ] .

6 내 생각을 말로 [ ][ ][ ][ ] .

교과서 낱말 뜻이랑 놀아요

1 아래의 낱말이 들어가기에 알맞은 문장을 찾아 선으로 이으세요.

하마터면	●	●	한겨울에 꽃이 핀 걸 보니 ( ).
신기하다	●	●	학교에 늦지 않게 ( ).
구덩이	●	●	( ) 넘어질 뻔했다.
귀가	●	●	배고픈 걸 ( ) 참았다.
간신히	●	●	나무를 심으려고 ( )를 팠다.
서두르다	●	●	오늘도 안전하게 ( )하세요.

2 빈칸에 들어갈 알맞은 낱말을 아래의 글자에서 골라 완성하세요.

1 ☐☐ 은 어떤 일을 하는 데 꼭 필요한 사람을 가리키는 말이에요.

| 요 | 배 | 후 | 원 | 인 |

2 ☐☐ 는 여러 형제, 자매 가운데에서 맨 나중에 난 사람을 가리키는 말이에요.

| 첫 | 막 | 째 | 동 | 내 |

3 ☐☐☐ 은 길을 건널 수 있게 정해진 곳을 가리키는 말이에요.

| 신 | 건 | 등 | 널 | 목 | 도 |

3 아래 [보기]를 읽고 낱말 퍼즐판을 완성하세요.

(낱말 퍼즐판)

칸에 주어진 글자: 신, 발, 표, 이, 서, 무, 확, 다, 하, 구

가로 보기

1 겨우, 매우 힘들게.

3 마음속 생각이나 느낌을 말, 몸짓 등으로 나타내다.

4 아직까지 없던 기술이나 물건을 새로 생각하여 만들어 냄.

7 꾸미거나 고친 것이 전혀 알아챌 수 없을 정도로 티가 나지 않게.

9 도구나 물건을 충분히 잘 이용하다.

11 조금만 잘못했더라면. 위험한 상황을 겨우 벗어났을 때 쓰는 말.

13 성질이나 종류에 따라 갈라놓다.

세로 보기

2 믿을 수 없을 정도로 놀랍다.

5 미처 찾아내지 못했거나 알려지지 않은 것을 찾아냄.

6 꿩의 어린 새끼.

8 어떤 일을 급하게 처리하려고 하다.

10 틀림없이 그러한가를 알아보거나 인정하다.

12 아주 많이 무섭다.

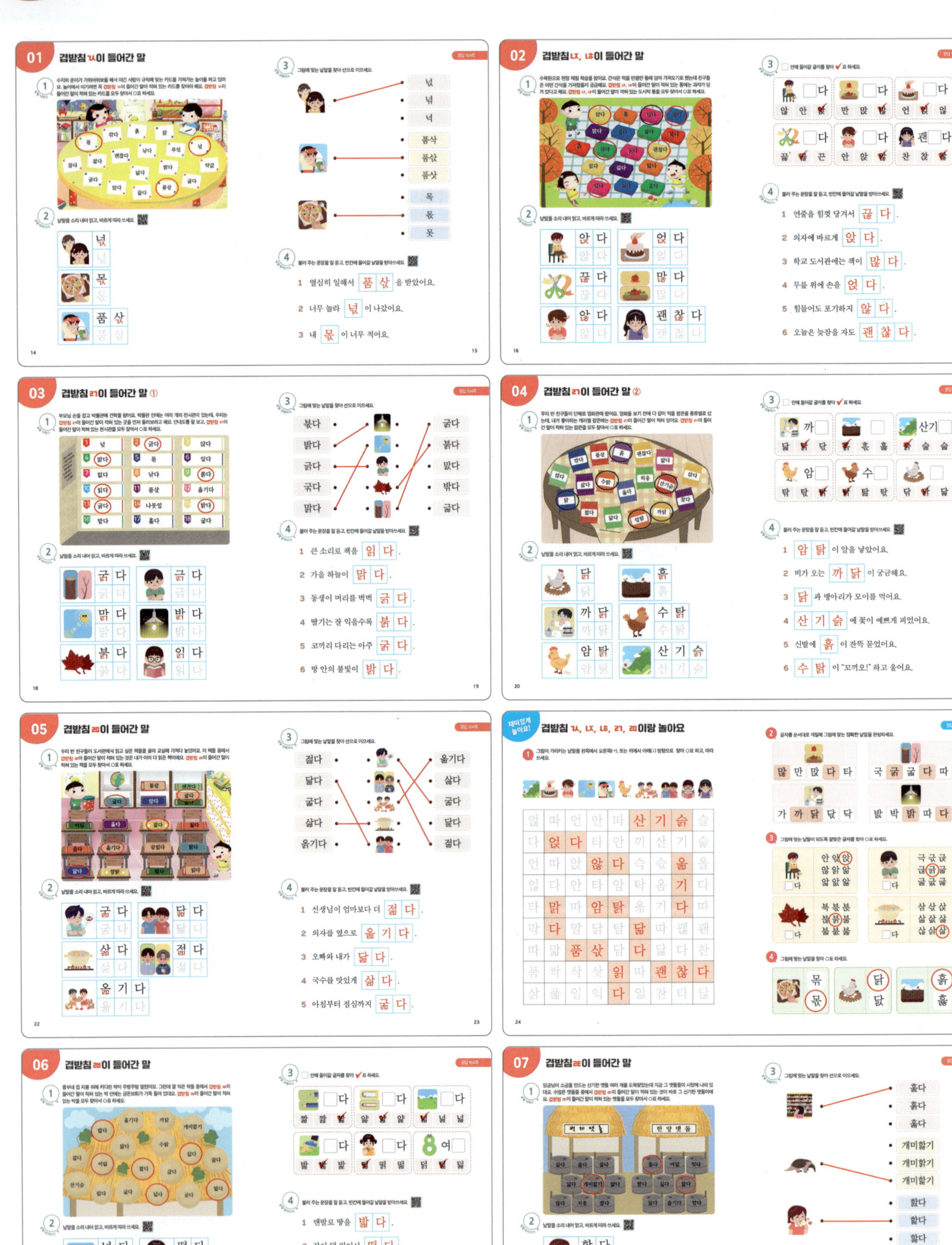

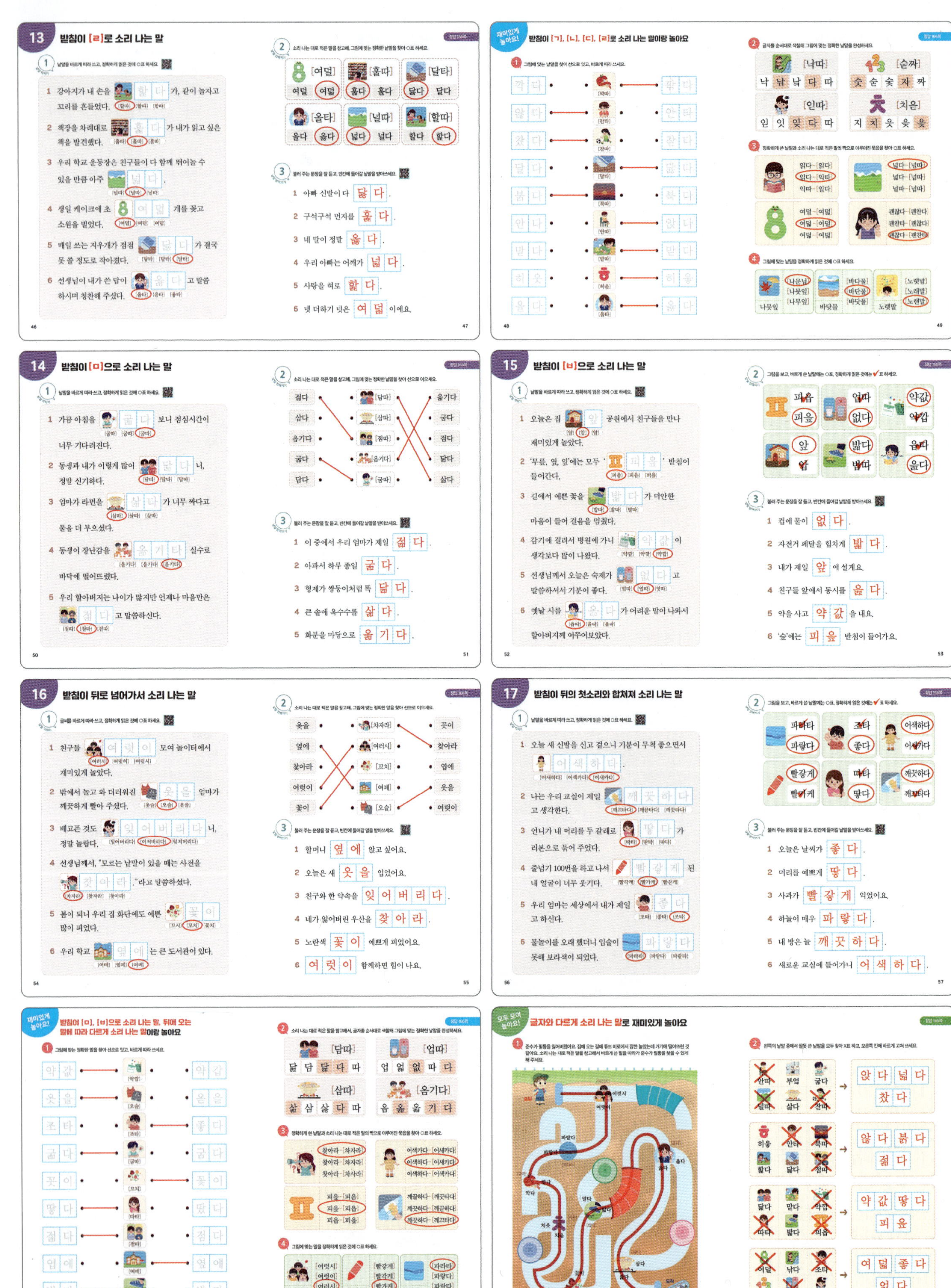

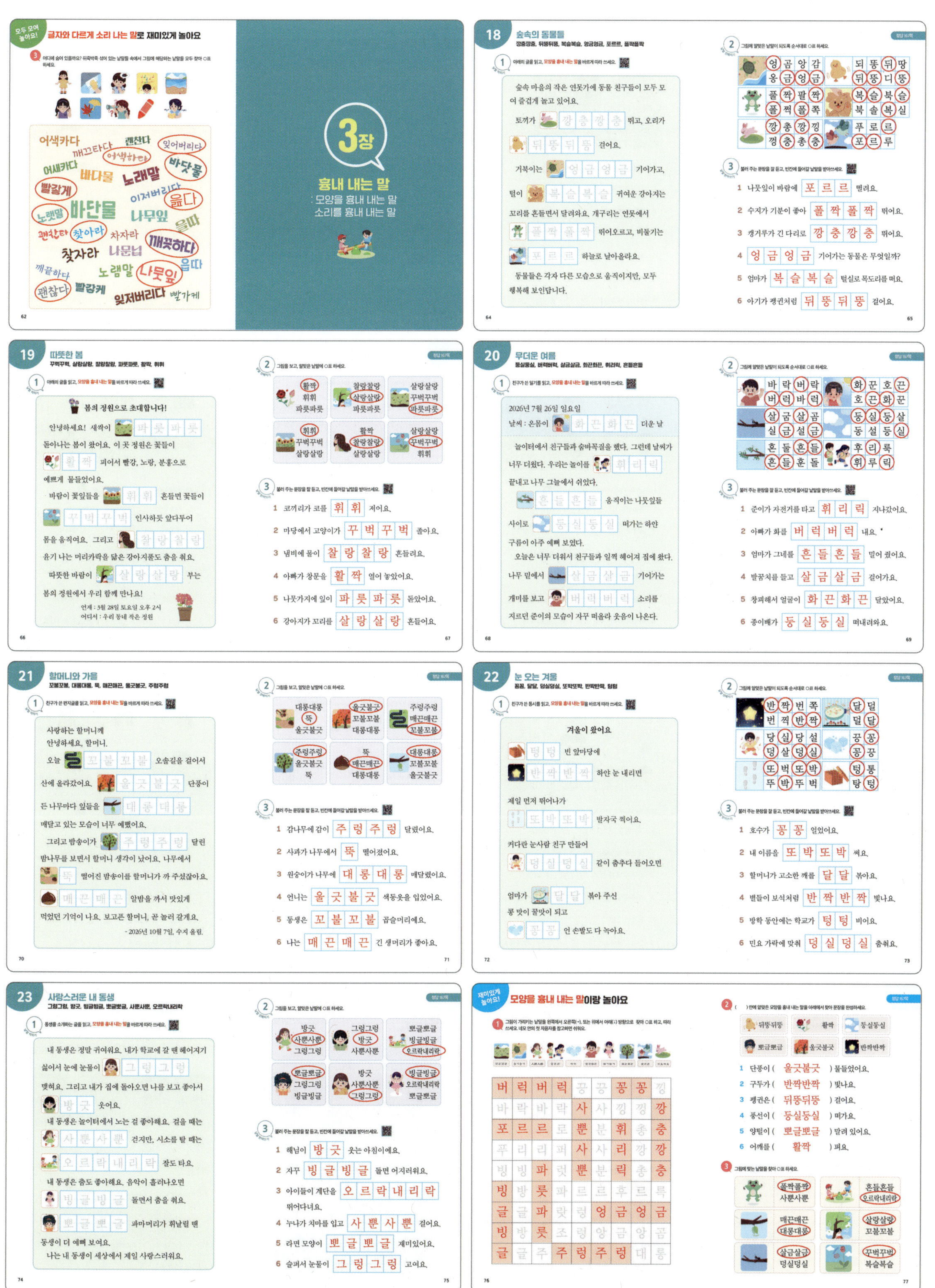

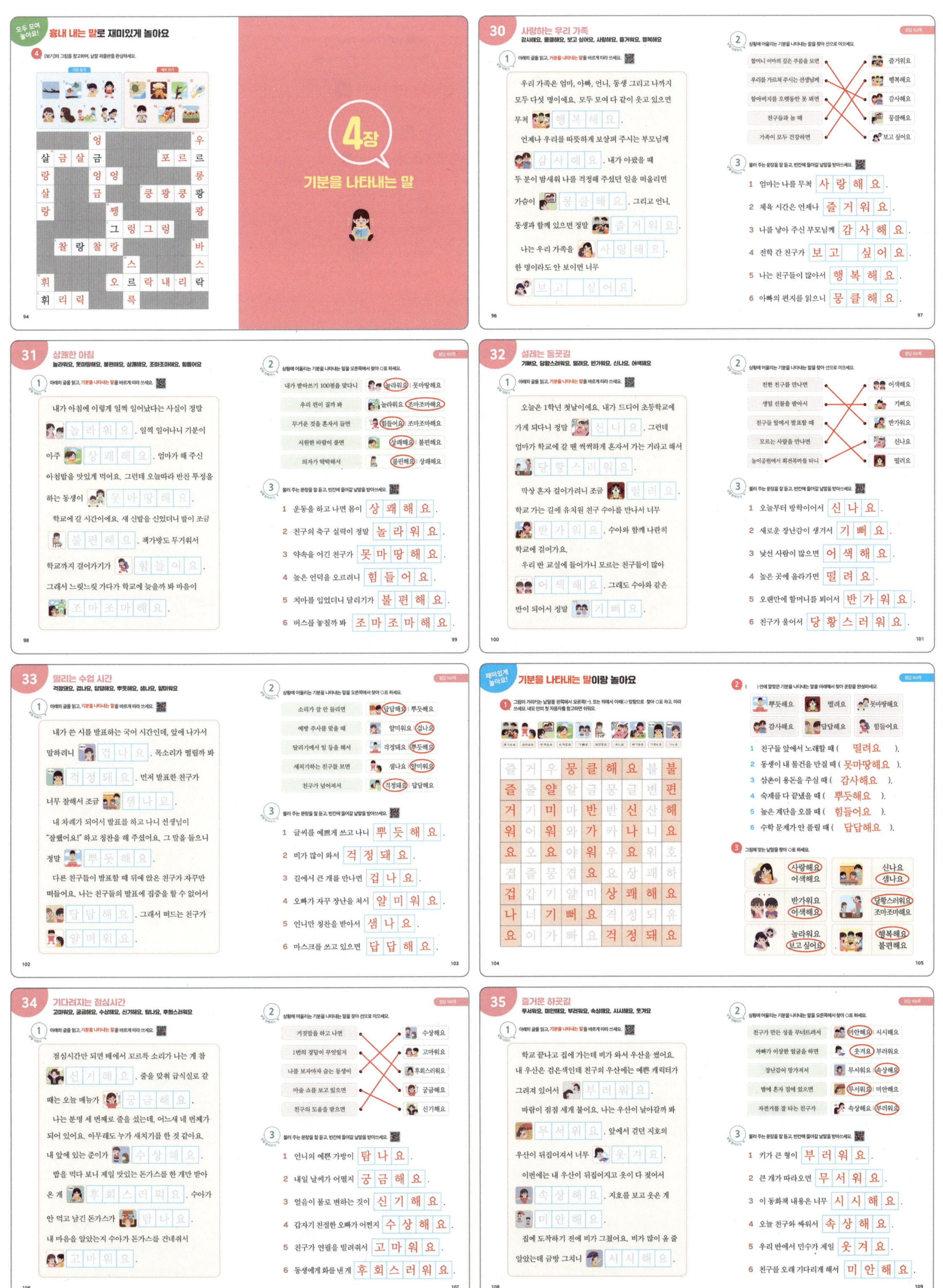

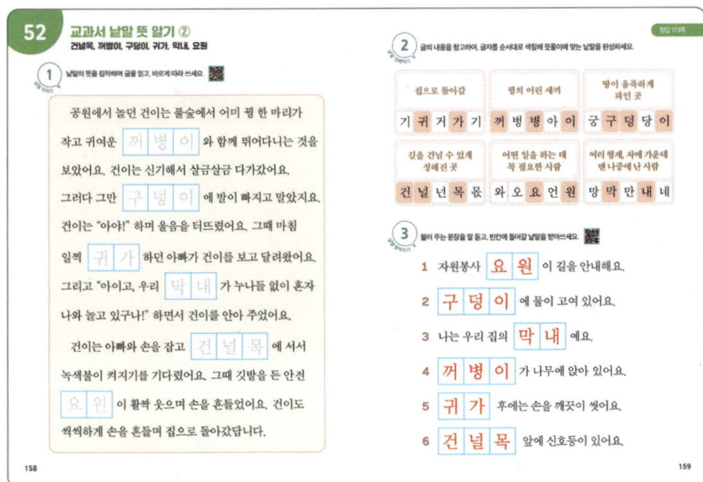

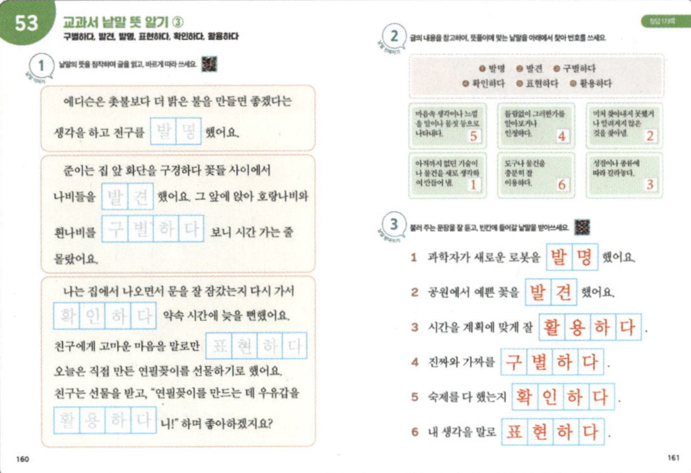

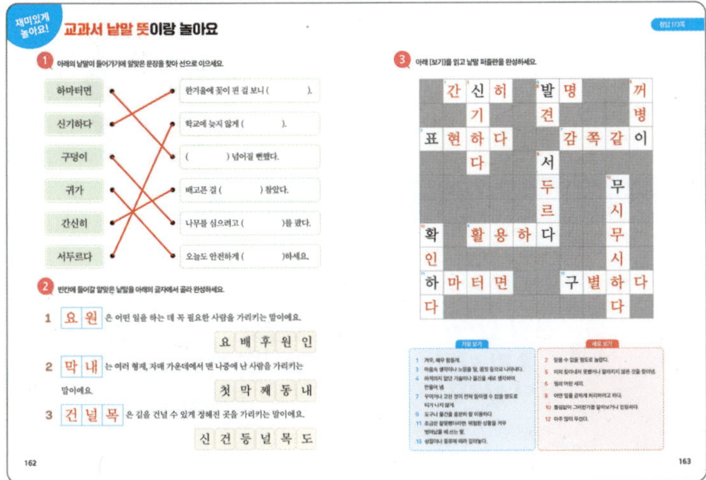

우리 민족의 명절 설날과 추석 이야기

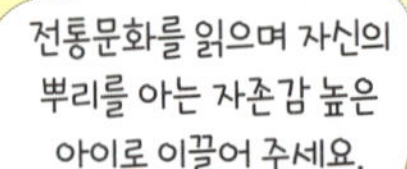

차례도 지내고 떡국도 먹는
우리 민족의 최대 명절
설날 이야기

달을 닮은 떡, 송편도 먹고
강강술래도 하는
명절 이야기

우리 조상들의 삶의 지혜가 깃든 의식주 생활

요즘 점점 더 인기가 높아지고
세계인들에게도 사랑받고 있는
한복 이야기

특별한 날 꼭 해 먹는
우리 민족의 별식
떡 이야기

여름에는 시원하고
겨울에는 따뜻한 전통 집
한옥 이야기

바닥과 공기를 함께 덥히는
효율적인 난방 장치
온돌 이야기

소중히 지켜야 할 생활 속 전통문화

집 안 곳곳에 살며
집을 지키는 일을 하는
집 지킴이 이야기

비석치기, 공기놀이, 굴렁쇠놀이,
고무줄놀이 같은
전통 놀이 이야기

떡시루, 절구, 가마솥, 키 등
우리와 일상생활을 함께해 온
전통 생활 도구 이야기

살아 숨 쉬는, 과학적이고
친환경적이며 미래 지향적인
항아리 이야기

대인기 시리즈 어떤 ○○이 좋아?

글·그림 스즈키 노리타케

어떤 목욕탕이 좋아?

목욕탕은 즐거운 놀이터예요. 잠수도 하고, 배를 띄우고……. 평범한 목욕탕도 좋지만 미로 목욕탕, 숨바꼭질탕, 분수탕, 초콜릿탕, 비행기 목욕탕……, 이런 목욕탕이 있다면 목욕이 세상에서 가장 신나고 재미있는 놀이가 될 거예요.

어떤 화장실이 좋아?

화장실은 혼자 잠시 머무르는 곳이에요. 하지만 여러 개의 변기를 연결해서 묶으면 모두가 탈 수 있는 화장실 기차가 되지요. 미끄럼틀 화장실, 로켓 화장실, 운동장 화장실, 회전 화장실……, 매일매일 가는 곳에서 재미있고 행복한 상상을 펼쳐요.

어떤 이불이 좋아?

잠을 자려고 누웠다가 재미있는 이불들을 상상해요. 앉아서 자는 의자 이불, 서서 자는 도넛 이불, 공중그네 이불, 폭신폭신한 보름달 이불, 돌돌 말아 만든 자동차 이불을 타면 울퉁불퉁한 길이라도 문제없이 꿈나라로 갈 수 있어요.

어떤 학교가 좋아?

친구들과 놀고, 점심 먹고, 공부하고, 운동도 하는 학교는 즐겁고 좋은 곳이에요. 그런데 매일매일 똑같은 학교 말고 폭포 학교, 유람선 학교, 놀이공원 학교, 섬 학교, 학생이 선생님인 학교는 어때요? 이런 신기하고 기발한 학교로 함께 가 볼까요?

어떤 고양이가 좋아?

까망이, 하양이, 노랑이, 삼색이……, 털 색깔이 예쁜 귀여운 고양이도 좋지만, 수박고양이, 푸딩고양이, 카멜레온고양이, 하트고양이……, 이런 신기하고 기발한 고양이들을 만날 수 있다면 얼마나 재미있을까요?

어떤 집이 좋아?

빌라, 아파트, 단독주택……, 비슷비슷한 집들 말고 새롭고 신기한 집이 있다면 재미있겠죠? 통째로 데굴데굴 굴려서 이사 가는 동그란 집, 물을 뿌리면 무너져 내리는 모래집, 씻겨 주고, 먹여 주고, 재워 주는 전자동집! 여러분은 어떤 집에서 살고 싶나요?

상상력이 풍부해지는 유쾌하고 기발한 그림책

아이들이 가진 가장 놀라운 능력은 상상력이 아닐까요? 상상력은 예술, 과학, 문학 등 모든 분야의 출발점이면서 더 풍부하고 의미 있는 삶을 살아가게 해주는 원동력이기도 합니다. 노란우산의 〈기발한 그림책 시리즈〉에는 아이들의 무한한 상상력을 자극할 유쾌하고 기발한 이야기들이 가득 담겨 있습니다.

글·구성 곽경혜

대학에서 국어국문학을 전공하고 교직을 이수하여 졸업 후에는 아이들을 가르치는 일을 했습니다. 엄마가 되고 나서는 아들 둘을 키우며 본격적으로 놀이를 통한 한글과 국어 교육에 관심이 커져 직접 아이들과 놀이하고 소통하면서 즐거운 학습을 이어 나가고 있습니다.

그림 박세은

디자인과 미술교육을 전공하고 디자이너로 활동하고 있습니다. 평소 캐릭터 디자인에 관심이 많아 네이버 밴드와 블로그에 아기깨비 치우 스티커를 출시한 바 있습니다.

그림 오현나

아들을 키우는 엄마이자 어린이집 선생님입니다. 취미로 그림을 그려 왔는데, 그 실력을 이용해 어린이집에서 필요한 다양한 그림을 그리고 책을 만들기까지 했답니다. 만든 책으로는 〈무엇이 무엇이 다를까?〉가 있고, 다수의 워크지에 그림 작업을 했습니다.

초등 국어! 쓰기가 답이다
교과서 낱말로 놀며 받아쓰기 초등 국어 1-2

초판 1쇄	2026년 3월 10일
글 · 구성	곽경혜
그림	박세은 오현나
펴낸이	정연금
펴낸곳	멘토르
등록	2004년 12월 30일 제302-2004-00081호
주소	충청남도 천안시 동남구 성남면 성남신덕1길 143-21
대표전화	02-706-0911
이메일	mentorbooks@naver.com

ISBN 978-89-6305-948-8 (63700)